허 운

중국 근현대 불교의 선지식

허운

글 · 정운

클리어마인드
CLEARMIND

70여 세의 허운

운문산 대각사에서 1944년 105세의 허운

운문산 대각사에서 1947년 108세의 허운

운문산 대각사에서 1948년 109세의 허운

운문산 대각사에서 1952년 113세의 허운

운거산 진여사에서 1955년 116세의 허운

운거산 진여사에서 1959년 120세의 허운

108세의 허운 진영

진여선사에 모셔진 허운 선사 사리

허운이 재세하던 당시 선종계에서 쌍벽을 이룬 래과 화상(왼쪽)과 허운(오른쪽). 1952년 상해 옥불사에서

虛雲老和尚舍利

허운 선사 사리
허운 선사 수정사리는 어른 새끼손가락 크기와 비슷하다.

| 책장을 열면서 |

몇 번이고 눈시울을 붉혔다. 허운 스님에 관한 글을 쓰면서 한숨도 쉬고, 마음 아파도 했으며, 참회도 많이 했다. 절집에서 장판 때가 묻었다고 할 만큼의 적지 않은 세월 동안 너무 안일하게 살아온 자신이 부끄러워서다.

허운虛雲(1840~1959) 스님은 청나라 말기·국민당·공산당으로 세대가 바뀌는 불운한 시대에 사셨던 분이다. 암울한 중국 땅, 개혁세력이든 반란세력이든 공산당이든 불교를 미신이라고 치부했던 시대에 생존했던 허운은 중생들의 아픔을 달래고, 중국불교 재건을 위해 사바세계에 오신 부처님이었다.

허운은 임제종 43세, 조동종 47세 법맥을 이은 선종의 선사이다. 당신 스스로나 제자들에게 철저하게 지계를 강조했으며, 참회·간경·염불을 겸하였다. 곧 선사요, 율사요, 강사이기도 하다.

스님은 당나라 때 조주 선사처럼 120세에 열반하셨다. 조주는 어려서 출가해 60여 년을 행각하다 80세에 관음원에 머물렀다. 허운도 출가 후 내내 행각하다가 66세에 운남성 축성사 불사를 시작하면서 한 곳에 상주하는 듯했다. 그러나 허운은 평생을 행각하셨다.

60세 이전까지는 당신 수행을 위해 행각하셨다면, 60세 이후부터 입적한 120세까지는 제자들을 위해, 중생 구제를 위해 잠시도 안주하지 않은 끊임없는 발걸음의 연속이었다. 이 어른의 삶에 시나 읊고 차를 마시는 소요자족한 즐거움은 없었다. 불사에 헌신, 제자들을 교육시키고자 고군분투하는 마음, 대장경을 모아 법이 이어지도록 하는 마음, 중생들을 거둬들이는 연민심, 무정물이나 축생에게까지 베풀었던 덕과 자비심 등 그의 삶은 보살의 길이었다. 개인에게는 고난과 역경의 삶이라면 중국불교 입장에서는 한 분의 선지식이요, 쇠잔한 불교를 부흥시킨 보살이다.

2009년 가을, 〈무상과 마조 행적 순례〉를 법보신문에 연재하는 중, 법보신문사로부터 전화를 받았다. 모 기자는 '스님께서 중국에 관한 글을 써 보았으니 근현대의 허운 스님에 관한 글을 대략 천 매 정도 써 보면 어떻겠느냐?'는 의견이었다. 그때 당시 숨 쉴 겨를도 없이 '노(No)'를 하였다. 원고지 천 매는 결코 적은 원고가 아닌 데다 스님의 행적지를 다 다녀본 뒤 글을 써야 하는데, 당시 나의 여건상 쉬운 일이 아니었다. 게다가 중국 사찰에 관한 책을 출판했기 때문에 연이어 글을 쓴다면 매너리즘에 빠질 수 있기 때문이었다.

그랬건만…… 실은 허운 선사는 오래전부터 존경하던 선사인지라 몇 년 후에 허운에 관한 평전 형식의 글을 써 보고 싶었다. 그렇게 부정적인 답변을 하고도 허운에 관한 자료를 모으고, 책을 읽었다.

2010년 1월에 허운이 처음으로 불사하고 20여 년간 머물렀던 운남성을 다녀와 법보신문에 〈운남성에서 만난 허운 대사〉를 3개월간(3월~5월) 연재하였다. 신문에 글을 올리는 동안 동국대학교 법산 스님, 대원사의 현장 스님 등 몇 스님들이 격려해 주었고, 클리어마인드를 소개한 하림 스님도 허운 선사만큼은 책으로 엮어지기를 염려해 주었다. 이후 단행본 책자를 만들면서 원고량이 850매 정도이니, 예전에 염두에 두었던 서원이 조금 일찍 이루어진 셈이다.

이 책은 크게 두 부분으로 구성되어 있다. 먼저 전반부는 신문에 연재했던 원고이고, 후반부는 허운에 관한 평전이다. 평전은 허운이 살다간 시대적·불교사적 배경, 행적과 사상, 허운과 같은 세대 승려들, 스승의 가르침을 전개하는 제자들에 관한 내용이다. 처음 신문 원고에다 평전이 첨

가되다 보니, 내용 전개상 중첩되는 부분이 있음을 밝혀 둔다.

우연하게도 이 책을 준비하고 있는 2010년은 허운 스님 열반 50주기이다. 중국·홍콩·대만 등지에서 허운 열반 50주기 기념법회가 있었다고 한다.

허운 선지식과의 소중한 인연, 허운에 관한 평전을 준비할 수 있다는 것, 그 하나만으로 나는 부처님께 감사했고, 행복했다. 이 글을 쓰는 동안 홀로의 즐거움이 무엇인지를 알았다. 이 책이 나오기까지 염려해 주었던 내 주위의 소중한 인연들에게 진심으로 감사드린다. 허운 스님의 수행정신과 보살사상이 후대 승려들에게 귀감이 되길 간절히 발원한다.

거룩한 부처님께 귀의합니다. 거룩한 허운 스님께 귀의합니다.

이천십년 가을날
개웅산 니련선하원에서 정 운

| Contents |

책장을 열면서 08

제1장
운남성 행적 순례

허운 선사 행적 순례에 앞서 016
허운의 약전略傳, 곤명 원통사 순례 022
보타산에서 오대산까지 4000km 삼보일배 029
곤명 공죽사 순례 036
역경 속에서 깨달음을 이루다 043
곤명 서산 화정사·태화사 순례 049
계족산 축성사 가는 길 057
허운의 불사 원력과 축성사 순례 063

계족산 가섭전사·금정사 순례 071
대리 숭성사 순례 078
허운의 삼매, 창산 등반 085
순례 중 여유로움, 여강 옥봉사 순례 093
여강 고성·문봉사·보제사 순례 100
지상낙원 샹그릴라, 벽탑해 순례 109
샹그릴라 대보사·송찬림사 순례 115

제2장 허운 평전

001 허운의 구도 및 중생 구제
시대적 배경 128
불교사적 배경 134
속가 인연 139
젊은 날의 구도 145
불사에 헌신한 만년의 허운 - 용천사·남화사·대감사·대각사 151
열반 - 진여사 161

002 허운의 아름다운 인연
도반 같은 제자들 - 계진·구행·관본 170
잠학려 거사와의 인연 177
당대의 선승들 - 경안·태허·응자·래과·원영 182
당대의 고승들 - 인광·제한·담허·홍일 193

003 허운의 선사상
이계위사以戒爲師(계로써 스승을 삼을지니라) 206
교육관과 불사 정신 213
비구니·여성에 대한 평등사상 218
중생평등사상(축생과 무정물의 귀의) 222
허운의 선사상 230

004 허운의 선사상은 지금도 전개되고 있다
도륜·본환·정일·불원·정혜·일성·관정 264

제3장 부록 285

혜운

제1장

운남성 행적 순례

허운 선사
행적 순례에 앞서

　몇 달 전 밤새도록 뒤척이며 잠 못 이룬 날이 있었다. 마음이 내려앉고 힘에 겨워 거의 반은 깨어 있는 상태에서 억지로 잠을 청했던 것으로 기억된다. 잠들기 전 1시간여 동안 책을 보는 습관이 있는데, 그 내용에 마음이 휘말렸기 때문이다. 그것은 중국 근현대 선사인 허운虛雲(1840~1959) 스님에 관한 내용이다.

　허운 스님은 중국 사찰에 관한 글을 쓰면서나 논문을 쓰면서 자주 언급했던 인물이며, 스님에 관한 일화나 전기는 내 마음에 굳건히 자리매김되어 있다. 1949년 이래 중국 공산당은 승려들을 환속시키고, 탑을 깨뜨리고, 불상을 도끼로 찍고, 경전을 불태우는 등 법난을 자행했다. 그런데 이보다 더 가슴 아팠던 부분은 허운이 생전에 당한 구타 사건이다. 내 인생에 책을 읽고 마음 아파하며 눈물 흘렸던 경험은 두세 번인데, 한 번은 삼국지에서 관우가 죽어가는 장면을 볼 때였고, 또 한 번은 바로 허운 스님에 관한 내용을 읽을 때였다.

　몇 년 전 중국 선종 사찰을 순례하면서 놀라웠던 사실이 하나 있다. 선종 사찰에 허운의 사진이나 위패가 모셔져 있지 않은 곳이 없으며, 중국 본토·홍콩·대만 등 수십여 사찰에 허운기념당이 있었다. 또 사리탑만 해도 광동성廣東省 남화사南華寺·대각사大覺寺·운남성雲南省 화정사華停寺·축성사祝聖寺 등 여러 곳에 모셔져 있으며, 개인적으로 승려가 허운의 사리를 모시고 있는 경우도 있다.

허운은 중국의 꺼져 가는 선을 중흥시킨 선사로서 현 중국 승려들의 허운에 대한 존경심은 놀라울 정도이다.

허운 스님은 19세기 중반에 태어나 1949년 공산혁명이 일어나고 10년 후인 1959년에 열반하셨다. 중국의 공산혁명 속에서 허운은 법난을 피해 갈 수 없었다.

1951년 112세 무렵, 스님께서 광동성 운문산 대각사大覺寺에 머물 때이다. 2월 아직은 추운 겨울에 도량으로 공산당 병사들이 난입했다. 병사들은 허운이 불사금으로 받아 놓은 금덩이나 돈이 있을 터이니 '숨겨 놓은 돈이나 금괴를 내놓으라'며 스님을 발로 밟고 몽둥이로 얼굴을 쳤다. 허운은 귀가 먹고 피를 흘리며 정신을 잃고 쓰러졌다. 이 어른이 구타로 인해 갈비뼈가 부러졌을 정도였다. '반혁명분자'라고 하면서 방장실에 감금한 채 음식도 주지 않고 대소변 보는 일조차 금하였다. 2~3일에 한 번씩 '아직도 죽지 않았군!' 하며 구타에 구타를 하고, 허운이 저술한 법문집을 불태웠다. 그것도 모자라 스승(허운)이 보는 앞에서 승려들을 한 사람씩 고문했는데, 그 고문에 견디지 못한 묘운은 입적했고, 몇 제자들은 뼈가 부러졌으며, 몇 승려는 실종되었다. 이를 중국불교사에서는 운문사변雲門事變이라고 한다.

강서성 정안 보봉사 도량 내에 있는 허운기념당

또 몇 년 후 허운이 116세 무렵, 운거산 진여사에 머물 때 공산당 병사들이 사찰로 갑자기 찾아와 대중들을 한 곳에 모이도록 했다. 공산당원들은 허운을 중심에 두고 제자들에게 스승을 비판하라고 하였다. 제자들이 아무도 나서지 않자, 승려생활 100년 동안 오롯이 중생을 위해, 불교를 위해 헌신한 어른에게 총을 들이대며 자아비판을 하라고 하였다.

'허운 스님께서 공산당이 들어서기 전에 열반했으면 그런 험한 꼴은 당하지 않았을 터인데, 왜 이 어른이 사바세계에 오래 머물러서 힘든 일을 당하셨어야 했나' 하는 안타까움에 한숨이 절로 나왔다. 물론 허운 스님

중국 사찰 내 조사전에는 허운 선사의 사진이나 위패가 많이 모셔져 있다. (대리시 만불사 조사전)

강서성 정안 보봉사 허운기념당에 모셔진 허운(위)
강서성 영수현 운거산 진여사 허운기념당(아래)

같은 어른이 사바세계에 오래 머문다면 중생들에게 복이지만, 당신에게 너무 가혹하다.

몇 년 전 중국 사찰 순례에서 허운이 상주했던 여러 곳을 순례했지만, 스님의 운남성 행적지는 참배하지 못했다. 허운이 머물던 운남성 사찰은 다른 곳보다 특별한 의미가 있는 곳이다. 허운이 65세까지의 행각을 멈추고 상주하면서 중생 구제를 위해, 불교 재건을 위해 처음으로 발원했던 곳이 바로 운남성이기 때문이다. 그 대표 사찰이 계족산 축성사와 서산 화정사이다.

　또한 허운은 운남성 곳곳 사찰에서 법을 설하고 여러 사찰들을 창건하거나 중수하였다. 곧 운남성은 허운이 66세에서 89세까지 20여 년간을 머물렀던 곳이며, 이 어른이 직접 불사금을 시주 받아 불사한 곳이다.

　허운 스님의 행적을 따라 운남성 몇 곳을 순례하기로 정했다. 적어도 보름 이상을 순례해야 하는 시간적인 제약이 있어, 방학을 이용해 떠나는 것을 준비했다.

　그런데 예기치 않은 감기손님의 방문으로 인해 열흘 이상이 지체되다 보니, 점차 의욕이 사라져 갔다. 무엇을 얻고자 하는지에 대한 근본적인 회의감까지 들었다. 내게 있어 허운 스님은 위대한 선지식이요 스승인데 뜻대로 진행되지 못함이 나를 괴롭혔고, 애달아하는 자신에 대한 초라함까지 느껴진다. 『잡아함경』에서 '하나의 독화살만 맞고 두 번째 독화살은 맞지 말라'고 하였다. 즉, 몸이 괴로울지언정 마음까지 괴로움을 일으키지 말라는 뜻이다. 역경계가 닥쳤을 때 포기해야 할 것은 포기하고 수용해야 할 것은 수용하는 자세가 필요한 법이다. 육신의 고달픈 경계를 순순히 받아들이고 떠나지 못하는 것에 대해 깨끗이 포기하기로 했다. 그런데 집착을 놓으니, 감기손님은 인사도 없이 홀연히 사라졌다.

　연기했던 비행기표를 다시 예약하고 공항으로 향했다. 짐을 부치고 좌석표를 받고 나니 대한항공 직원이 일어나 합장하며 잘 다녀오라고 깍듯이 인사까지 한다. 비행기에 오르니, 뜻하지 않게 팔자 늘어질 일이 하나 생겼다. 좌석이 VIP 고객용 자리였다. '분명히 일반석 예약했는데……'

이런 자리는 처음인지라 스튜어디스에게 자리를 물으니, '맞다!'는 것이다. 방금 전 예의바른 대한항공 직원의 배려였음을 알았다. 역경계가 지나면 순경계가 오는 법. 비행시간이 5시간이 넘기 때문에 자리가 편해야 자료도 정리하는데 잘된 일이다. 이번 순례 기간 내내 이런 일만 있으면 좋으련만!

광동성 운문산 대각사에 모셔진 허운사리탑. 허운 선사 사리는 스님께서 상주하셨던 남화사, 용천사, 화정사, 축성사 등지에 나뉘어 모셔져 있다.

허운의 약전略傳, 곤명 원통사 순례

허운의 행적에 관해 뒷부분에서 구체적으로 서술하지만, 대략 일생 동안의 행적은 이러하다.

허운은 1840년 복건성福建省 천주泉州에서 출생했다. 아버지 소옥당은 당시 현의 관리였고, 불심이 돈독했던 양무제의 후손으로서 원 고향은 호남성湖南省 상향湘鄕이다. 어머니는 허운을 낳자마자 사망했고 양모에게서 자랐다. 허운이 17세 무렵, 사촌동생과 함께 호남성 남악산 상봉사上封寺로 몰래 출가했던 일이 있어 아버지는 허운에게 도교 서적을 권하고, 도인道人을 불러다 도교 수행법을 배우도록 하였다.

19세에 허운은 복건성 고산鼓山 용천사湧泉寺에 출가해 묘련妙蓮(1824~1907) 화상으로부터 구족계를 받고 고암古巖이라고 하였다. 20대에 용천사에서 여러 소임을 보았고, 몇 년간 숲속에서 홀로 고행하였다. 30대에는 각지의 선지식을 찾아다니며 경론을 두루 보았다. 43세 무렵 보타산에서 출발해 오대산五台山까지 3년간 3보1배한 후, 티베트·인도·스리랑카·미얀마 등 불적을 순례하고 귀국한 뒤 계족산·구화산·천태산 등 여러 곳에서 수행하였다.

1895년 허운이 56세 때, 강소성 고민사高旻寺에서 깨달은 뒤에도 여러 수행처에서 정진하며 경전을 강의했다. 60대 후반, 운남성 계족산 축성사와 화정사를 창건했고, 복건성 고산 용천사를 계율과 참선이 병행되는 도량으로 정비하였다.

1934년 95세부터 103세까지 육조 혜능 사찰인 광동성 남화사南華寺와 대감사大鑑寺를 수행도량으로 만들었으며 1943년 운문종 근본도량인 대각사大覺寺를 복원 불사하였다.

1954년 115세에 허운은 강서성 영수현永水縣 진여사眞如寺에 주석하면서 허물어진 당우를 불사하고 도량을 정비하였다. 허운은 진여사에서 1959년 120세로 입적하였다.

허운은 묘련(임제종 42세) 화상으로부터 임제종, 요성耀成(조동종 46세) 화상으로부터 조동종 법을 받았으며, 당나라 말기에 끊겼던 위앙종·법안종·운문종의 종지를 되살렸다.

허운이 없었다면, 중국의 선은 끊어졌을 것이다. 현재까지 사회주의 국가인 중국에 선이 면면히 흐르고 있으며, 중국 승려들은 대부분 허운의 법맥이다. 정혜淨慧·일성一誠·본환本煥·불원佛源·대만의 성운星雲·성엄聖嚴이 있으며, 도륜度輪·관정寬淨 등 해외에서 활동하는 제자들도 여럿이다.

드디어 인천공항을 출발해 운남성 성도인 곤명昆明 공항에 내리니, 늦은 밤이었다. 이제는 홀로의 순례가 굳이 떠남이라는 생각은 들지 않는다. 그냥 한국에서 지방으로 잠시 이동한 것으로 착각될 정도이다. 그래도 내 나라 땅이 아니고 언어 소통이 쉽지 않으니 황량한 기분에 마음까지 가라앉는다. 인터넷에서 본 한국 민박집을 찾아가기로 했는데, 택시기사가 찾지 못해 곤명의 대표 사찰인 원통사圓通寺 부근에 숙소를 정했다.

다음날 오전, 중국인들이 흔히 먹는 전병을 사 들고 원통사로 향했다. 늦잠을 잤으니 가는 길녘에서 먹는 것을 해결하는 셈이다.

원통사는 곤명의 대표 사찰로 운남성 불교협회가 이곳에 있다. 곤명에서 가장 크고 오래된 절로서 중국 서남지역뿐만 아니라 동남아 일대까지 그 이름이 널리 알려져 있다. 당나라 때인 8세기 말에서 9세기 초에 창건되어 보타라사補陀羅寺라고 불리었고, 1255년 몽골 침입으로 소실되었다가 (원나라가 생기기 전까지 운남성은 중국에 편입되지 않았음) 1301년 원나라 때 중건된 후 '원통사'라고 불리었다. 명나라 때인 15세기 중반과 청나라 때인 1686년 강희제 때에 증축되어 현재의 모습과 규모를 갖추게 되었다.

사찰은 곤명 시내 중심가에 위치해 있다. 도량에 들어서니, 중국의 전형적인 사찰답게 큰 연못이 도량 중앙에 조성되어 있다. 원통사는 전체적으로 앞이 높고 뒤는 낮은 독특한 구조라고 하는데, 산문을 들어서면서부터 아래로 내려가는 기분이었다. 도량 중심에는 화려하고 웅장한 연못이 있고, 연못을 중심으로 대웅전·원통보전·천왕전·승방 등 여러 당우가 병풍처럼 둘러싸고 있다. 연못 중심에 위치한 팔각정은 청나라 초기(17세기 중엽)

원통사 산문(위)
원통사 팔각정과 대웅전. 허운은 원통사에 머물며 사람들에게 법을 설하고 49일 수륙법회를 봉행하는 등 곤명 사람들의 불심을 키웠다.(아래)

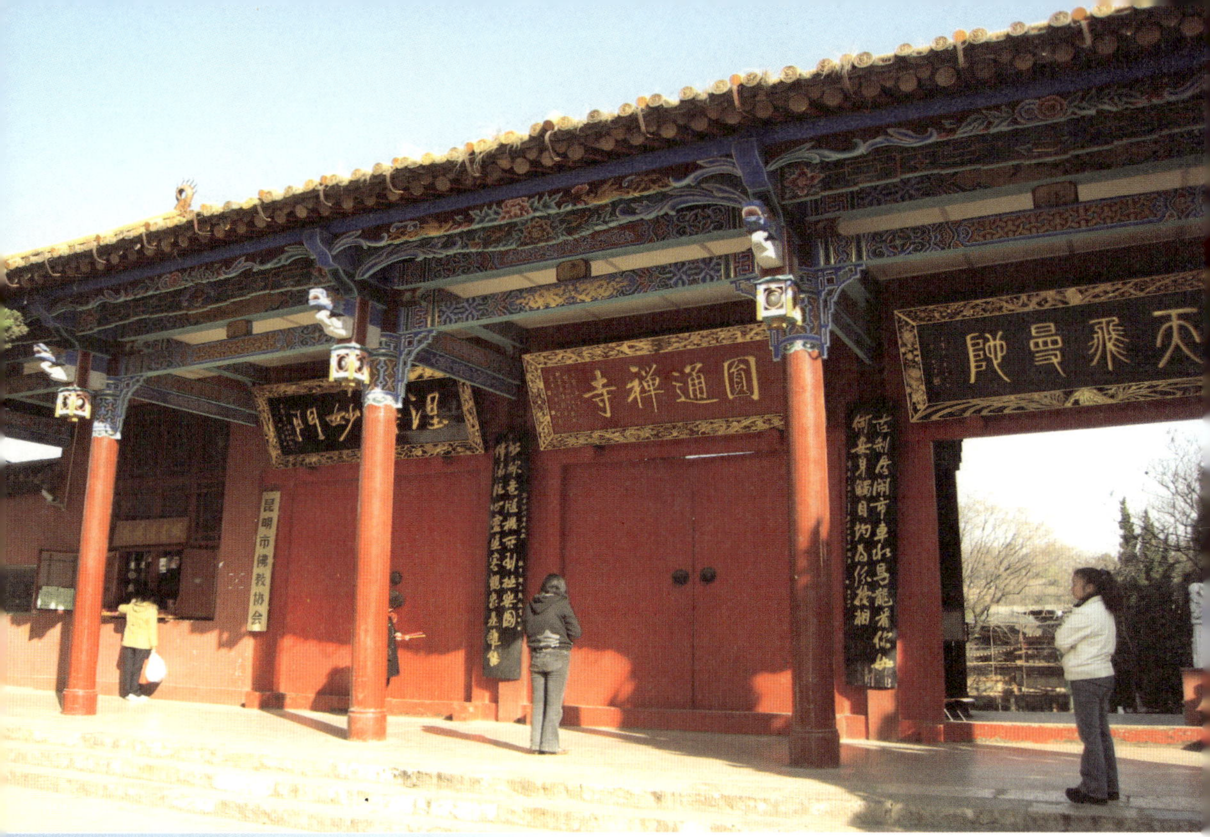
圓通禪寺
昆明市佛教协会

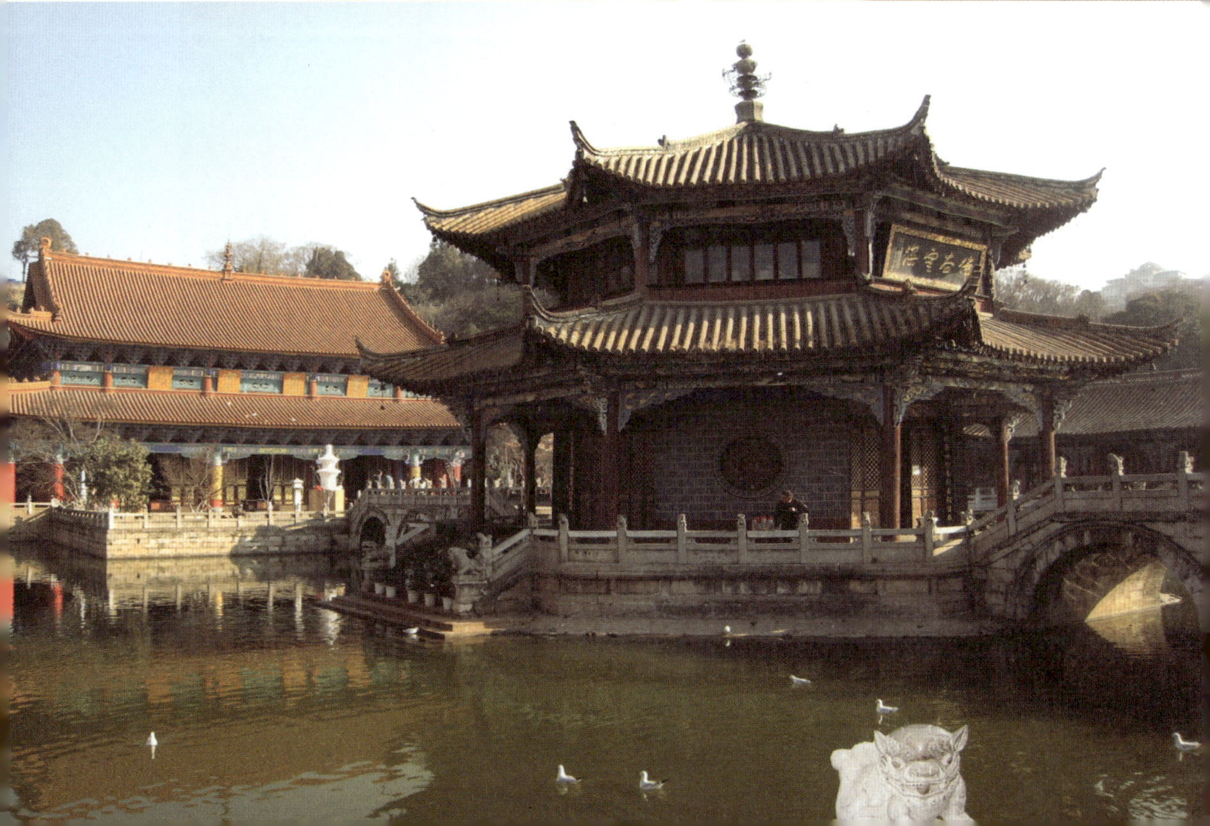

대웅전 내 석가모니불과 가섭, 아난 존자.
부처님 좌우 용 형상의 원주기둥은 14세기 명나라 때의 유물이다. (위)

동불전. 태국양식 당우로서 태국 부처님이 모셔져 있다. (아래)

에 지어졌고, 관음보살이 모셔져 있다.

대웅전 중앙에는 부처님을 중심으로 양쪽에 명나라 때 만든 용龍 형상을 새긴 높이 10m의 기둥 두 개가 부처님을 수호하고 있는 듯하다. 청나라 때 모신 석가모니 부처님의 좌우보처로 가섭·아난 존자가 모셔져 있다. 중국은 석가모니 부처님과 가섭·아난 존자가 모셔진 경우가 대부분이며, 운남성 사찰들은 통일된 것처럼 좌우보처가 가섭과 아난이다.

한 가지 아쉬운 점은 중국 사찰은 관광객에게 법당 출입이 금지되어 있고, 사진촬영도 금지한다는 점이다. 밖에서 참배해야 하고, 굳이 들어가려면 소임자에게 청해야 한다. 예전에는 소임자가 없으면 옆으로 들어가서 연구자처럼 꼼꼼히 살펴보았는데, 이제 무모한 행동은 하지 않기로 했다. 이제는 중국 사찰에 대해 알 것은 다 알기도 하거니와 나이도 몇 살 더 먹었으니 점잖아지기로 했다.

운남성은 미얀마·태국·베트남과 인접해 있는데, 대웅전 뒤편에 있는 동불전銅佛殿은 태국의 건축양식으로 지어졌고, 그 안에 모셔진 동불상은 태국 왕이 선물했다고 한다.

허운이 계족산과 서산 화정사에 머물면서 운남성 관리들을 만나야 할 경우, 곤명으로 오면 원통사에 머물렀다. 1918년 허운이 79세 때, 운남성 도독 당계요가 허운에게 '원통사에서 불법을 펼치며, 청년들의 교육에 힘써 달라'고 요청했다. 허운은 당시 '원통사가 지형이 협소하여 수백 명이 상주할 수 없으며, 총림으로 하기에는 부족하다'며 받아들이지 않았다.

허운은 원통사에 잠시 머물면서 곤명 사람들에게 법을 설하고, 유명한 불교학자인 구양경무歐陽竟無(1871~1943)를 청해서 『섭대승론』을 강연토록 했다. 또한 나라가 어려울 때마다 곤명의 모든 스님들과 합심하여 49일 수륙법회를 열어 곤명 사람들의 불심을 키웠다.

　원통사 도량을 두어 바퀴 돌며 이곳저곳을 기웃거렸다. '예전에 스님께서 이곳에서 학자들과 관리인들을 접견하고 교화했었는데, 승방 어디였을까?'

보타산에서 오대산까지
4000km 삼보일배

　허운이 아버지 몰래 복건성 용천사에 출가해 승려로서 거듭나고 있을 때 아버지가 아들을 찾아오자, 스님은 깊은 산속으로 들어가 고행을 시작했다. 30대 초반부터 40대 초반에 이르기까지 고행을 하였으며, 선과 경론經論을 배우고자 여러 선지식을 찾아 행각하였다.

　이렇게 행각하던 중, 관음도량 절강성 보타산으로 들어갔다. 보타산에 머물며 여러 절을 참례하고 천보千步 모래사장을 거닐며 떠나지 않았다. 2년여간 보타산에서 경을 읽다가 43세에 발심하여 보타산을 출발해 오대산까지 3보1배 배행拜行을 결심했다.

　중국 사찰 순례를 하면서 보았지만, 불교 4대명산[1] 가운데 관음도량 보타산에서 만난 스님과 신도들이 가장 신심 있어 보였다. 다른 곳에서는 볼 수 없었는데, 많은 이들이 3보1배를 하며 보타산 사찰들을 순례했다. 그만큼 중국인들은 관음보살을 숭상한다는 의미이기도 하다. 그때 보았던 3보1배하던 중국인들의 모습이 눈에 선하다.

---

1) 사천성 아미산 보현보살, 산서성 오대산 문수보살, 절강성 보타산 관음보살, 안휘성 구화산 지장보살.

허운 스님이 3보1배하는 목적은 두 가지였다. 하나는 출가한 지 20여 년이 넘도록 도업道業을 이루지 못한 것에 대한 참괴요, 둘째는 태어나자마자 돌아가신 어머니와 출가로 인해 화병으로 세상을 떠난 아버지의 은혜를 갚기 위해서였지만, 부모에 대한 은혜가 먼저였다. 스님은 출가 이후 가족 누구와도 상봉하지 않았다. 스님의 아버지 입장에서 볼 때, 40세가 넘은 나이에 관음기도 해서 낳은 외동아들이 출가했으니, 그 상심이 얼마나 컸을 것인가. 하기야 이런 것도 내 관념상의 언어가 아닌가 싶다.

20세에 나의 출가로 인해 부모님·형제들의 마음고생이 심했고, 모친은 병을 얻어 10년을 넘게 병치레하셨다. 부모님은 '혹시 이제나저제나 다시 집에 오려나……' 하고 기다리다가 40세가 넘어서야 포기를 하셨다. 부모님은 자동차로 20여 분 걸리는 지척거리에 살고 계시건만, 찾아가는 일이 극히 드물다. 가끔 모친은 음식을 싸 가지고 오시는데, 이런 일도 하지 못하도록 하였다. 부모에 대한 효도라는 말은 내게 너무 먼 단어이다. 허운의 이런 효심을 보면서 양심의 가책도 느껴 보고 과보 받을 거라는 생각이 든다.

스님의 3보1배는 1882년 7월 초하루 남해의 보타산에서 시작해 강소성 → 안휘성 → 하남성 → 산서성의 여정이다.[2] 바람이 불거나 눈비가 오거나 날씨의 춥고 더움을 가리지 않고 낮에는 절을 했고 밤에는 누울 자리에서 잠시 쉬었다. 어떤 어려움에도 꿋꿋이 절을 하며 오대산을 향해 갔다.

산서성에 들어섰을 때는 동짓달이었고, 눈이 쉬지 않고 내려 인적이 끊긴 허름한 초막에서 쉬게 되었다. 바람조차 막지 못하는 초막에 쉬면서 좌선하며 눈이 그치기를 기다렸으나 하염없이 눈이 내렸고, 다음 날도 사람

키만큼 눈이 쌓여 움직일 수 없는 상황이었다. 게다가 날씨는 춥고 오가는 사람도 없었으며 먹을 것조차 없었다. 허운은 겨우 숨을 쉴 정도로 몸이 힘들었지만 정념正念만은 또렷하였다. 스님은 며칠을 굶어 가며 추위에 떨다가 7일째 되는 날, 결국 병이 들어 쓰러지고 말았다.

마침 한 걸인이 지나다가 죽어 가는 허운을 발견하였다. 걸인은 주위 눈을 치우고 불을 피워 황미죽黃米鬻을 끓여 주었다. 스님은 정신을 차리고 그에게 누구냐고 물었다. 걸인은 성은 문文, 이름은 길吉인데, '오대산에서 장안으로 가는 중'이라고 하면서 모든 사람들이 자신을 알고 있다고 하였다. 허운이 문길에게 물었다.

"이곳으로부터 오대산까지는 얼마나 남았습니까?"

"이천 리 길입니다. 오대산에 들어서기 전 규봉산 비마암秘魔庵에 이르면, 그곳에 남방 승려 청일淸一이 있는데, 그는 지행持行이 훌륭합니다."

스님과 문길이 여러 말을 주고받다가 문길이 물었다.

"도대체 스님은 무엇을 얻고자 이렇게 3보1배 하십니까?"

"어버이 은혜를 갚기 위함입니다."

---

2) 허운이 43세 7월 초하루 보타산 법화암에서 출발했다. 이때 함께 절을 시작한 승려는 편진遍眞, 추응秋凝, 산하山遐, 각승覺乘 등 네 명이었다. 바다를 건넌 후, 강소성 소주蘇州 한산사寒山寺 → 상주常州에 이르렀다. 네 명이 모두 포기하고 허운만 홀로 절하였다. 남경에 이르러 불굴사佛窟寺 우두융牛頭融 조탑祖塔에 참례하고 강을 건너 포구 사자산사獅子山寺에 멈추어 해를 보내었다.
44세에 사자산 사자산사 → 소북蘇北 → 하남성河南省 봉양鳳陽 → 호주亳州 → 호릉昊陵 → 숭산嵩山 소림사 → 낙양 백마사에 이르렀다. 동짓달에 황하 철사鐵謝를 건넜다. 광무릉光武陵을 지나, 초하룻날 숙소에 머물고 초이틀에 강을 건넜다. 눈이 많이 와서 언덕에서 잠시 머물렀다. 다시 소금산小金山 → 맹현孟縣.
45세 정월 회경懷慶 홍복사洪福寺 덕림德林 스님과 며칠을 머물렀다. → 회경부懷慶府에 들었다가 다시 홍복사로 되돌아 덕림과 머물렀다. 황사령黃沙嶺에서 병이 났다. → 신주新州 → 태곡太谷 → 태원성太原省 흔주忻州 → 황토구黃土溝 백운사白雲寺 → 규봉산圭峰山 비마암秘魔庵 사자와룡동獅子窩龍洞 → 5월 오대산 현통사에 도착하였다.

"당신이 짐을 지고 가는데, 길은 멀고 날은 추운데, 어느 때에 도달할 것인지 걱정됩니다. 굳이 이렇게까지 절을 할 필요가 있겠소?"

"꼭 그렇게 하기를 서원했으니 아무리 힘들고 고통스러워도 시간에 연연하지 않고 반드시 해낼 것입니다."

허운이 3보1배 기도를 회향했던 문수도량 오대산 전경

"당신이 하고자 하는 일은 매우 어렵고 눈은 아직 녹지 않았으니 일부러 길을 찾을 필요 없이 내가 온 발자취를 따라가도록 하시오."

다음 날 문길과 헤어져 스님은 몸을 회복해 다시 3보1배하기 시작했다. 해를 넘기고 허운이 45세 되던 해이다. 다시 절을 하는 와중에 복통이 시작되었다. 냉병까지 겹치고 이질에 걸렸지만 절을 계속하였다. 심각한 병중에도 열흘 정도 절을 하다가 황사령黃沙嶺에 도착해 작은 사찰을 발견하고 쉬기로 하였다. 인적은 드물고 음식도 먹지 못한 채 계속 설사를 했다.

며칠을 홀로 앓으면서 죽기만을 기다리고 있는데, 마침 문길이 찾아왔다. 이번에는 '장안에서 오대산으로 가는 길'이라고 하였다. 며칠 동안 문길은 불을 피우고 음식을 끓여 주고 스님의 옷을 빨아 주었다. 문길은 허운이 걱정되어 말했다.

"스님의 건강이 별로 좋지 않고 효심이 이렇게 간절하니, 내가 스님의 짐을 오대산까지 들어주고 옆에서 보필해 주겠소. 스님은 홀가분하게 절만 하십시오."

문길이 짐을 들어주고 음식까지 시중 받게 되어 허운은 가벼운 몸과 마음으로 절을 할 수 있었다. 태곡현太谷縣에 이르렀을 때, 늦은 밤이 되어 이상사離相寺에서 하룻밤 묵기를 청했으나 지객스님이 걱정하며 말했다.

"지금 몇 년간 기근이 들어 사람들이 굶어 죽어 가는데, 스님은 재가자까지 옆에 두고 3보1배를 하십니까? 어느 절에서 속인을 하룻밤 방부 들여줍니까?"

문길은 그 소리를 듣고 허운에게 작별을 고하고 먼저 오대산으로 가겠다며 앞질러 나갔다. 스님이 바삐 밖으로 나가 문길을 찾았으나 찾지 못했다. 절을 하면서 마음이 급해지자 화기가 올랐고, 다음날부터 머리에 열이 나면서 코피가 멈추지 않았다.

허운이 황토구黃土溝 백운사白雲寺에 도착했는데, 스님의 코피가 멈추지 않자 입방을 허락하지 않았다. 겨우 하룻밤을 보내고, 태원성에 이르러 큰절 극락사에 이르렀다. 대웅전에 들어가 절을 하고 있는데, 이 절 승려는 허운에게 심한 욕만 퍼붓고 하룻밤조차 재워 주지 않았다. 귀부인들이 많이 오는 사찰에 행색이 남루한 승려를 머물게 할 수 없다는 주지의 이론이다.

절을 하는 길녘에서 젊은 승려 문현文賢을 만났다. 허운은 작은 절 승은 사承恩寺에서 문현의 시중을 받아 건강을 회복할 수 있었다. 다시 절을 시작해 문길과 헤어진 지 두어달 만인 5월 말쯤 오대산 현통사에 도착해 문길이 맡겨 놓은 짐을 찾을 수 있었다. 스님은 오대산 사찰들을 순례하며 문길을 찾았으나 문길을 아는 사람이 아무도 없었다. 후에 허운이 한 노승에게 이런 사연을 말했더니, 노승이 합장하며 말했다.

"문길은 문수보살의 화신인데, 스님은 문수보살을 친견한 것입니다."

스님이 3보1배한 보타산에서 오대산까지는 4000km이고, 3년이 소요되었다. 중국을 몇 달 다녀본 경험이 있기 때문에 중국 땅이 얼마나 큰지를 실감하는데, 인간으로서는 상상할 수 없는 일이다. 스님은 3년간 예배하는 기쁨보다 병고가 더 많았고, 사람들의 질시와 모멸도 심했다. 스님은 몇 번이고 어려운 경계를 겪을 때마다 자신의 마음을 시험하였고, 어렵고 힘들수록 마음은 편안함을 느꼈다. 감내하기 어려운 고통이 있었지만 이 3년간의 예배로 인해 스님은 번뇌를 제거하고 보리를 증득했다고 훗날 회고하며, 제자들에게 이런 말을 하였다.

"하나의 나쁜 습관을 버리면 곧 하나의 광명을 얻을 것이요,
 열 개의 번뇌를 참아 내면 곧 정각에 오를 수 있다."

곤명
공죽사 순례

　허운 스님의 3보1배 구도 역정을 생각하면, 감히 상상이 가지 않을 정도이다. 한국으로 치면 부산에서 서울까지 5번 정도 왕복 거리를 배행拜行한 것이다.

　허운 스님의 구도 역정을 알고 있던 터라 이번 순례는 힘들거나 고달프게 생각되지 않는다. 홀로의 순례가 자칫 자신에 대한 연민의식으로 와전되면 젊은 날의 구도시간을 많이 잃게 된다. 이 점을 철저히 자각하고, 허운의 구도심에 마음이 숙연해지곤 한다.

　곤명 원통사에서 2시간 정도를 보낸 후 곤명 외곽에 위치한 공죽사筇竹寺로 가기 위해 시외버스터미널로 향했다. 터미널 입구에서 한 운전기사의 호객행위로 붙들렸다. 기사는 버스가 없기 때문에 차를 대절해 가야 한다는 것이다. '공죽사행 버스가 있다고 했는데, 이상하군. 버스비가 3원 정도인데, 큰돈을 써야 하네.' 할 수 없는 일이라고 생각했다. 기사가 차비를 25원으로 부르는데, 20원(한화 3400원)으로 흥정했다. 공죽사에 도착해 매표소에 물으니, 원래 차를 대절하면 20원이고, 버스가 자주 있단다. 또 속은 것이다. 안 속으려고 몇 번이고 다짐했는데, 늘 일이 이렇게 되어 간다.

천태각에 모셔진 오백나한(왼쪽), 범음각에 모셔진 오백나한(오른쪽)

공죽사 산문 들어가는 입구

공죽사는 곤명에서 12km 떨어진 대나무와 삼림이 우거진 옥안산玉案山에 위치해 있다. 당나라 남소국 시대(649~937) 때 창건되어 옥안사라 불리었으며, 운남성 최초의 선방이기도 하다. 공죽사에 관한 전설이 있다.

11세기 무렵, 고광高光과 고지高智 두 형제가 살았는데 이들은 사냥을 업으로 삼았다. 어느 날 옥안산 부근에서 사냥을 하다가 무소(犀牛)를 발견하고 무소를 쫓다 보니, 현 공죽사까지 오게 되었다. 무소에게 화살을 쏘려

공죽사 대웅전

는 순간, 갑자기 무소는 사라지고 그 자리에 구름이 피어나더니 구름 속에 승려 얼굴이 나타났다. 또 승려가 사라지고 그 자리에 대나무 한 가지가 꽂혀 있었다. 다음날 형제가 다시 가 보니, 그곳은 푸른 대나무 숲으로 변해 있었다. 이에 형제가 이곳을 '신령스러운 불지佛地'라고 여기고 이곳에 사찰을 지었다는 이야기가 전한다.

　　명나라 때 전쟁으로 인해 공죽사가 화재로 소실되어, 청나라 때 나불

공죽사 조사전. 내부에는 왼쪽에서부터 백장, 달마, 마조가 모셔져 있다.
'서래승적' 현판 내용은 '서쪽에서 온(달마의) 뛰어난 발자취'라는 뜻으로 선종 승려들까지 포함한다.

화상蘿佛和尙이 중건했다. 나불 화상은 출가 전에 곤명에서 관료로 있다가 관직에서 물러나 공죽사에 들어왔다. 나불 화상이 공죽사에 들어올 무렵, 절은 황폐해 있었다. 사천성에서 조각가 리광수黎广修를 초청해 오백나한을 조각하기 시작했다. 리광수는 제자 5명을 데리고 7년간(1883~1890)에 걸쳐 오백나한을 조성했다. 이 오백나한은 범음각梵音閣(216존尊)과 천태각天台閣(216존)에 나뉘어 모셔져 있다. 이곳의 오백나한은 생동감 있고 인간 삶의 희로애락喜怒哀樂을 잘 표현하여 예술적 가치가 높은 것으로 중국에서 평가받고 있다. 도량은 대웅전을 중심으로 양쪽에 승방과 불교용품점이 있고 대웅전 맞은편이 오백나한전이다.

'서래승적西來勝蹟'이라고 쓰인 편액이 걸린 조사전 내부에 달마 선사를 기준으로 왼쪽에 마조馬祖(709~788), 오른쪽에 백장百丈(749~814)이 모셔져 있다. 절 뒤편에 역대 승려의 사리탑이 몇 기 있는 것으로 보아 이전에는 서슬 푸른 선객들의 수행터였을 것이다.

도량에 햇볕이 따스하게 비치고, 나무마다 꽃이 피어 있다. 도량에 비치된 테이블에서 관광객들이 차를 마시고 있다. 중국의 큰 사찰은 따로 찻집이 있지만, 어느 사찰은 대웅전 앞마당이 차를 마시고 담소를 즐기는 곳으로 활용된다. 한편에서는 스님들이 옹기종기 모여 앉아 차를 마시고, 한 스님은 도량의 풀과 나무에 물을 주며 불필요한 가지를 쳐 주고 있다.

나도 조금 쉬면서 차도 마시고 햇볕도 쬐일 겸 앉아 도량을 바라보니 아름다운 낙원이다. 알맞은 태양빛과 꽃과 나무들, 운남성의 파란 하늘을 보니 나의 존재감을 잊는다. 내가 누구였던가? 내가 언제부터 이곳에 있었는가?…….

조금 전 조사전에서 제사 지내는 것을 보았는데, 스님들이 조사전에서 과일을 내리고 있다. 우두커니 앉아 있는 것이 불쌍해 보였는지 한 비구니 스님이 몇 가지 과일을 주며 과도까지 챙겨 준다. 과일은 수여 종인 데다 종류도 다양하다. 과일이 이렇게 풍성하게 생산되는 것을 보니 운남성은 천혜의 숨결이 살아 있는 곳이요, 공기가 좋은 곳으로 보인다.

공죽사는 비구·비구니가 함께 상주하는 것으로 보인다. 이전에도 많이 보았던 터인데, 중국은 비구·비구니가 함께 상주하는 사찰이 더러 있다. 강소성 양주 고민사 선방은 사부대중이 함께 수행한다. 중국의 가풍이니 이방인의 잣대로 왈가왈부할 일은 아니라고 본다.

허운은 63세에서 65세에 이르는 3년 동안 운남성 곤명 서산 복흥사에서 폐관閉關(무문관) 수행하였다. 출관出關하고, 귀화사歸化寺에서 『원각경』과 『사십이장경』을 강설해 마치자, 당시 공죽사의 몽불夢佛 화상이 찾아와 경을 설해줄 것을 부탁했다. 스님은 공죽사에서 『능엄경』을 강의했는데, 사방의 명사 및 평민 500~600명이 찾아와 가르침을 들었다. 법회 후 『능엄경』과 한산시를 새겨 판본을 절에 모셨다. 얼마 후 허운이 오계를 설하고 수계식을 거행했는데, 4000여 명이 운집하였다.

도량에서 나와 해회탑 쪽으로 옮겨 갔다. 이곳은 허운이 불사한 곳은 아니지만, 스님은 어느 사찰의 불사를 하든 간에 해회탑 공간을 꼭 만드셨다. '해회탑海會塔', 승가와 재가를 구분하지 않고, 큰 스님이든 작은 스님이든 입적하면 해회탑에 모신다는 것, 그 자체가 좋다.

석가모니 부처님께서는 법 앞에 여인·남자, 천민·왕족, 비구·비구니의 구별이 없었다. 중생심 그 자체가 불성을 가진 소중한 존재로서 차별적인 존재란 없다는 것, 이것이 평등주의 부처님의 사상이 아니겠는가. 해회탑이 바로 그 표본이 아닌가 싶다.

해회탑의 가장 윗부분에 최근 열반한 청선淸禪 화상의 사리탑이 모셔져 있다. 30여 분 만에 해회탑에서 내려와 절 앞 구멍가게에 들어가 청선 화상에 관해(한자로 써서) 몇 가지를 질문하니, 거사님은 한자를 잘 모른다며[3] 법구를 화장한 뒤의 사리와 유골 사진을 몇 장 건네준다.

---

[3] 중국은 문맹인이 상당히 많다. 허운이 생존할 당시에도 승려들 중 절반 이상이 문맹인이었다고 하니, 이 책에 등장하는 승려들은 당시 불교계의 선각자였다고 해도 과언이 아니다.

역경 속에서
깨달음을 이루다

허운 스님은 3년간의 3보1배 배행拜行을 원만히 회향한 후, 49세에 아미산에서 티베트·부탄을 거쳐 히말라야 산맥을 넘어 인도·스리랑카·미얀마 성지를 순례했다. 순례 후 여러 곳을 행각하며 참선 정진하다가 지장도

허운이 깨달음을 이룬 강소성 양주 고민사 도량

량 구화산에서 3년간 머물렀다. 이때 스님은 고민사高旻寺 주지 월랑을 만났는데, 월랑 스님은 허운에게 간곡히 청했다.

"고민사에서 곧 법사法事가 있을 예정인데, 이전 사칠四七[4])에 이어 십이칠十二七[5])을 합니다. 적산赤山 노스님은 먼저 절로 되돌아갔습니다. 허운 스님께서도 법을 호지護持해 고민사에 오셔서 함께 동참해 주기 바랍니다."

몇 년간 중국 사찰을 순례한 가운데 꼭 다시 가 보고 싶은 사찰을 꼽으라고 한다면, 강소성 양주揚州 고민사이다. 중국의 선종 4대 사찰 가운데 하나로서 사부대중 400여 명이 함께 수행하는 곳이다. 하루 저녁 고민사 선방에서 대중과 함께 참선한 적이 있는데, 당시의 엄격한 그곳 가풍을 느낄 수 있었던 곳으로 잊을 수 없는 곳이다.

허운은 고민사에 들어가기로 약속한 기일에 맞춰 산에서 내려왔다. 도중에 배를 타야 하는데 스님께서 돈이 없다고 하자 뱃사공이 태워주지 않았다. 뱃사공에게 사정하려고 하는 와중에 배는 떠나갔고, 스님은 발을 헛디뎌 물에 빠져 하루 밤낮을 강물에 떠다녔다. 사람들이 겨우 구제해 인근 사찰인 보적사寶積寺에 모셔다 놓았다. 며칠 보적사에 머무는 동안 허운은 입·코·항문에서 피가 흘러나왔다.

겨우 몸을 추스린 뒤, 허운은 약속을 지키기 위해 고민사에 도착해 주지 월랑을 만났다. 월랑은 스님에게 소임을 맡아 줄 것을 부탁했으나 스님

---

4) 4번 일주일 동안 참선하는 것으로 4×7=28일간을 말한다. 중국에서 보통 참선하는 기간을 말했으나 근래는 독경이나 기도 기간을 말할 때도 이렇게 계산한다.

5) 12번 일주일 동안 참선하는 것으로 7×12=84일간을 말한다.

께서는 건강이 좋지 않아 소임을 받아들이지 않았다. 고민사는 가풍이 엄격해 소임을 거부하면, '대중을 위해 시중들지 않는 나태한 자'라고 여겨 큰 경책이 있었다. 감원監院 환진還眞의 발언으로 인해 허운은 대중 앞에서 향판香板6)으로 매를 맞았다.

물에 빠져 병이 생긴 데다 매까지 맞아 스님은 병이 점점 깊어졌고, 식사를 할 수 없는 지경까지 이르렀다. 피는 멈추지 않았고, 소변은 방울방울 떨어졌다. 사람의 보살핌도 없이 홀로 누워 죽음을 기다리며 오로지 화두를 들었다. '고통 받고 있는 이 몸이 어떤 물건인가.' 이렇게 스님은 화두를 드는데, 몸은 아팠지만 정신은 점점 또렷해졌다. 이렇게 20여 일 지나면서 몸이 점차 회복되었다.

중국 선방 내에서 쓰이는 물품들이다. (사천성 신도헌 보광사) 사진 좌우측의 긴 막대가 향판이다. 향판은 청규용 향판과 경책용 향판으로 나뉜다. (위)

중국 선방 내부(호북성 황매 사조사)(아래)

----
6) 향판은 청규용 향판과 경책용 향판이 있다. 여기서는 참선 시에 졸거나 자세가 좋지 않을 때, 경책하는 향판이다. 재질은 보통 떡갈나무이며, 길이는 90~100cm, 폭은 4cm 정도이다.

이 무렵 보적사 주지 덕안德岸이 고민사에 왔다가 허운이 큰 고난을 겪고도 환희심으로 정진하는 모습을 보고 감화를 받았다. 덕안은 허운이 고민사에 오기 전 물에 빠졌던 일을 대중에게 공포하였고 허운은 소임에서 자유로이 수행에 몰두할 수 있었다.

정진이 깊어질수록 스님은 모든 생각이 끊어지고 주야가 여일如一했다. 어느 날 저녁, 향을 놓을 때 주위를 살펴보니 홀연히 광명이 대낮과 같았고 안팎으로 통철洞澈했다. 담을 넘어 한 승려의 소변 보는 모습, 마당에서 포행하고 있는 승려, 저 멀리 강 위에 떠다니는 배까지 보였다. 스님이 방금 전에 보았던 일들을 승려에게 물으니, 맞다는 것이다. 스님에게 천안통이 열린 것이다. 스님은 평생에 남경대학살이나 중일전쟁, 히로시마 원자폭탄 투하 등 수천 명이 죽어가는 참상을 천안통으로 예견하고 마음 아파하셨다.

1895년, 스님이 56세 동짓달 팔칠八七(56일) 셋째 날 밤에 6번째 향[7]이 고요히 타오를 때, 사미가 다관으로 따라 주는 차를 받다가 뜨거운 찻물이 손에 튀어 찻잔을 떨어뜨렸다. 이때 잔이 깨지는 소리에 깨닫고 다음 오도송을 읊었다.

잔이 바닥에 탁 떨어져

깨지는 소리 분명하고 뚜렷하니

---

7) 향 하나가 타는 데 한 시간 정도 소요된다. 옛날 중국에서는 좌선하는 시간을 향으로 계산하였다.

허공은 산산이 부서지고
허황된 마음 그 자리에서 고요히 쉬었네.
杯子撲落地　響聲明瀝瀝
虛空粉碎也　狂心當下息.

끓는 물이 손에 튀어 잔을 깨뜨리니
집이 부서지고 사람은 죽은 듯 입이 있어도 할 말을 잊었네
봄이라 꽃향기 곳곳마다 가득하니
산하대지가 그대로 부처로세.
燙着手打碎杯　家破人亡語難開
春到花香處處秀　山河大地是如來.

　　스님은 '물에 빠지는 큰 고난을 겪고 병을 얻었는데, 병이 없었다면 어찌 내가 깨달을 수 있었겠는가. 순경順境과 역경逆境을 만나지 않았다면, 지식 교화로 한평생을 그릇되게 승려 노릇을 했을 것이다' 라는 생각을 내며 환희심에 젖었다.
　　한평생 평탄하고 순리대로 살다간 사람은 없을 것이다. 늘 삶에는 오르막길이 있으면 내리막길이 있는 법이다. 인간의 역사는 끊임없는 시련과 극복으로 점철된 것이 아니던가? 삶의 힘겨움을 지혜롭게 활용할 때에 비로소 발전이 있는 법이다. 내 뜻대로 되고 좋을 수만은 없는 것이다. 힘겨울 때를 수용하고 받아들일 때에 비로소 발전이 있고 좀더 지혜로운 인간

으로 거듭나는 법이다.

　스님이 63세 무렵, 제자 계진과 함께 운남성으로 가는 길에 곤욕을 당한 일이 있었다. 두 스님이 배를 타려는데, 계진이 먼저 배에 오르고 허운이 배에 타려는 순간 배가 격류에 밀려 허운의 몸이 강물 한가운데로 떨어졌다. 허운은 겨우 구조되었는데, 그때 계진에게 이런 말을 하였다.

"이런 재난을 겪을 때마다 기쁘게 받아들여야 한다.
　재난은 곧 단련이다.
　많은 수행자들이 얻으려 해도 쉽게 얻지 못하는데
　나는 재난을 통해 교훈을 얻고 있으니,
　나는 행운이 많은 사람이다.
　번뇌는 깨달음이고, 재난은 오히려 행복이다."

곤명 서산 화정사 태화사 순례

전날 공죽사에서 서산西山 화정사華停寺까지 가는 동안, 몇 번이나 버스를 갈아타며 고생했더니 이제는 홀로의 여행이 쉽지 않음을 실감한다. 적지 않은 세월의 무게와 삶의 무게가 버거워짐을 느낀다. 무상無常함이리라. 무상이란 '흐름(stream)'이요, '변화(change)'이다. 흐름과 변화는 당연한 것인데, 무엇을 부정하고 한탄하랴. 이렇게 나이를 먹어 간다는 사실, 그 자체가 좋다.

서산 화정사는 허운이 81세에서 89세까지 머물며 불사했던 곳인데, 스님이 이곳에 머물게 된 연유가 있다. 80여 세의 스님이 계족산鷄足山 축성사祝聖寺와 곤명昆明을 오가면서 법을 설하던 무렵, '서산의 화정사가 프랑스인에게 팔려 외국인의 별장과 오락장으로 사용된다'는 소문을 들었다. 스님은 운남성 도독 당계요에게 화정사에 승려가 상주할 수 있도록 부탁했다. 이런 인연으로 스님은 퇴락해 가는 화정사를 중건하게 되었다.

---

8) 태화사에서 2㎞ 정도 떨어진 곳에 용문석굴龍門石窟이 있다. 벼랑 위에 있는 석굴인데 1781~1835년 도교의 도인과 신도들이 밧줄에 매달려 절벽을 깎아서 석굴을 만들고 조각하였다. 이 길은 약 7㎞ 정도인데, 서산의 명승지로 유명하다. 서산을 가면, 꼭 다녀올 만한 곳이다.

인도 아소카왕의 둘째 아들이 서산에 왔었는데, 풍경이 아름다운 데다 산속에서 한 무리의 푸른 봉황이 나타난 것을 보고 이곳에 머물면서 '벽계산碧鷄山'이라고 하였다는 전설이 전한다. 서산은 국가가 지정한 명승지이며 곤명 시내로부터 15㎞ 떨어진 곳에 위치한다.[8] 누워 있는 부처의 모습과 비슷하다고 하여 와불산臥佛山이라고 부르며 봉우리마다 꽃을 피우는 정자와 같다고 해서 화정봉花亭峯이라고 한다.

화정사 대웅전 뒤편 장경루

화정사를 찾아가기 위해 아침 일찍부터 준비를 단단히 했다. 화정사가 산속에 위치해 있으니 하루 종일 도보를 예상하면서도 스님이 머물던 곳이 어떤 모습인지가 더 궁금했다. 화정사는 1332년 원나라 때 현봉玄峯 선사가 이곳에 머물면서 원각사圓覺寺라고 하였는데, 후에 화정사로 바뀌었다. 1923년 스님이 화정사에 머물기 시작하면서 정국운서사靖國雲棲寺로 절 이름을 바꾸기로 하고, 불사를 시작했다. 그런데 공교롭게도 불사 도중

화정사 산문 / 화정사 도량 내 방생지 겸 연못(위)
화정사 도량 내부에 모셔져 있는 8기탑 / 화정사 사천왕전 앞. 1월인데도 꽃이 피어 있다.(아래)

'운서雲棲'라고 쓰인 비석이 발견되어 허운이 화정사에 머물 때는 '운서사'라고 하였다.

서산 입구에서 2시간 정도 걸어 화정사에 도착했다. 산문에 들어서니 안정된 느낌과 편안함이 느껴진다. 예쁜 소녀 같은 도량이다. 스님은 당시 80세가 넘는 고령에도 손수 흙을 파고 돌을 옮기는 등 사람들과 함께 일을 하였는데, 현재 도량이 스님이 머물 당시 그대로는 아닐지언정 눈에 보이는 사찰 곳곳마다 그 어른의 손길이 느껴져 괜히 마음이 애잔해진다.

'해불양파海不揚波'라고 쓰인 편액이 보인다. '바다는 파도 따위에 휩쓸리지 않는다.' 멀리서 보고 그 말의 의미가 마음에 와 닿았다. 곧 바다를 원만한 마음에 비유한다면, 파도는 번뇌를 의미한다고 할 수 있다. 세파(파도)에 휘둘리지 않는 청정한 부동심不動心이라고 볼 수 있고, 그 번뇌까지 녹여서 번뇌와 보리菩提가 하나가 되는 것이라고도 볼 수 있다.

어떤 곳일까 궁금해하면서 들어갔더니, 오백나한전이다. 스님께서 생전에 이곳에 상주할 때 오백나한 불사를 하였는데, 문화대혁명(1967~1976) 때 파손되어 다시 도금한 것인지, 아니면 최근에 다시 조성한 것인지는 알 수 없었다.

대웅전에서는 스님들과 신도들이 기도를 하고 있었다. 그 모습을 보니, 나는 마치 허운 생전의 모습으로 착각되었다. 허운 스님이 봄에 신도들에게 수계식을 거행하고 모두 함께 경전을 독송하는데, 대웅전 앞의 매화 고목에 하얀 꽃 열 송이가 피었다. 크기가 사발만큼이나 컸으며 미묘한 향기를 내뿜었다. 또한 채소밭의 푸른 채소가 청련화를 피워 마치 꽃 가운데 불상이 있는 것과 같았다. 당시 장졸선張拙仙 거사는 이런 시를 지었다.

화려한 정자도 천년이 지나면 퇴색하고
구름이 겹치니 오색五色을 띠는구나.
씀바귀가 온통 청옥불靑玉佛을 드러내고
시든 매화도 흔쾌히 백련꽃을 피우는구나.
법석法席과 발우에 부처님의 법비를 받아
보리수나무의 불성을 심을지어다.
스님(闍黎)께서 불교의 근본 설함을 듣고 있으니
꽃 한 송이에 부처님 한 분이 나타남이여!

한국은 지금(1월) 추운 겨울인데, 이곳 도량은 꽃이 만발이다. 아마 내가 화가였다면, 극락세계를 이렇게 표현했을 것이다. 대웅전 뒤편에 장경루가 있다. 스님은 어느 사찰에 머물든 간에 경전을 소중히 하고, 경장을 보관하는 경장실을 마련해 경전을 모셨다. 1924년 85세 무렵, 스님은 화정사에서 불교대학을 창설해 학자를 초빙하고 불교와 과학에 대한 강좌를 열었다.

점심공양이 오전 11시 반이었다. 점심 먹기까지 30여 분 남아 공양간 앞에서 햇볕을 쬐고 앉아 있었다. 앉아서 보니 비구스님 한 분을 중심으로 신도들이 둘러서 있다. 스님이 신도들에게 지팡이를 만들어 주려고 막대기를 다듬고 있었다. 큰 칼로 자르고 대패질을 하는 등 분주하게 움직이

오전 11시 30분 공양 전, 스님이 신도들에게 지팡이를 만들어 주고 있다. (왼쪽)
화정사 옆 해회탑 내에 있는 허운 선사 사리탑 (오른쪽)

고, 신도들은 자기 차례를 기다리며 마냥 즐거워한다.

이전에는 짬이 있는 자투리 시간에 무언가 메모를 하고 움직였는데, 이번 순례에서는 마냥 쉼(休)을 만끽한다. 햇볕을 쬐고 사람들의 천진한 모습을 지켜보면서 이런 생각을 한다. '이 순간의 삶이 바로 극락이려니.' 순간순간 느끼는 자각된 현존의 삶이 바로 삶의 기쁨이요, 행복임을. 현재에 살지 않는 삶과 수행은 있을 수 없다는 것을.

드디어 점심시간이다. 나 같은 외부 승려는 공양하는 것이 당연하지만 재가자들은 5원(한화 850원)의 보시금을 내고 먹어야 한다. 중국 사찰이 다 그런 것은 아니지만, 이런 점도 괜찮아 보인다. 공양간 마당에서 점심을 먹고, 느긋하게 화정사 도량 밖 해회탑海會塔으로 발길을 돌렸다. 허운은 84세에 화정사 도량에 금산조탑金山祖塔 및 칠불탑七佛塔을 조성하고 칠중해회탑七衆海會塔도 세웠는데, 그 당시의 해회탑 당우는 아닌 것 같다. 지금은 허운

태화사 도량 내에서 대웅전을 향해 기도하고 있는 신도들(왼쪽)
태화사 정자에서 바라본 곤명호(오른쪽)

스님 사리탑 이외에는 해회탑의 의미가 없어 보였다.

스님께서는 화정사를 불사하면서 인근의 여러 사찰들을 창건하고 중건하였다. 화정사 아래 마을에 초제사招提寺를 재건했으며, 어느 불자가 자기 화원과 농림학교로 쓰던 곳을 스님께 보시했는데 절 이름을 승인사勝因寺라고 한 뒤 화정사 말사로 만들었다. 승인사에 대웅전을 재건하고 청동으로 주조된 삼존불을 모셨다.

또한 서산에 위치한 태화사太華寺와 송은사松隱寺의 중건인데, 어른께서는 오로지 불사에만 전념했다. 송은사는 현존하지 않으며 태화사는 화정사에서 정상을 향해 2km 떨어진 곳에 위치한다. 허운은 당시 폐허가 된 태화사를 직접 감독하고 중건하였다.

50여 분을 산 위로 오르니 태화사이다. 이 절은 14세기 원나라 때 선사로 유명한 현감玄鑑이 창건해 불암사佛岩寺라고 하였다. 도량 안에 승려들의 사리탑이 몇 기 있는 것으로 보아 예전에 승려들의 선방이었을 텐데 지금은 승려가 상주하지 않는 관광사찰이다. 그래도 법당 부처님을 향해 도량 잔디밭에서 기도하는 보살님들의 모습이 대견하다. 중국 불교신자들은 굳이 법당 안에서 기도하지 않는다. 도량에서 법당 부처님을 향해 기도하는 풍습이 있다.

태화사 도량 내 정자에 앉으니, 앞에 전지滇池9)(지금은 곤명호)가 펼쳐져 있다. 허운은 제자들과 함께 전지를 건너거나 혹은 이 호수 옆을 지나 곤명이나 계족산에 다니러 가곤 했다. 한번은 제자와 함께 호수를 지나다 자살하려는 여인을 구제한 적도 있었다. 한편 스님은 전지를 바라보며 불교의 앞날과 중생들을 걱정했다. 스님이 예전에 그랬던 것처럼, 굽이굽이 펼쳐진 곤명호를 바라보며 정자에 앉아 한동안 상념에 젖었다.

---

9) 전지는 현 곤명호를 말한다. 곤명호는 고원[운남성은 고지대에 속함]의 진주로 알려져 있다. 해발 1885㎞, 남북으로 40㎞, 동서로 8㎞ 호수로서 중국에서 여섯 번째 큰 호수라고 한다.

계족산
축성사 가는 길

　허운 스님은 50대 초반, 외국 성지순례 마지막인 미얀마에서 운남성으로 들어와 계족산鷄足山을 찾았다. 스님은 계족산이 불교명산이라고 하여 순례를 왔는데, 계족산 승려들의 모습은 청정하지 못했다. 각 절의 승려들이 첩을 거느리고 술과 고기를 먹었으며 계족산 승려가 아닌 사람은 사찰 내에 하룻밤도 머물 수 없었다. 이때 스님께서는 이런 서원을 세웠다. '불연佛緣이 사라지는 계족산에 불법을 일으키고 운남성을 불국토로 만들어야겠다.'

　계족산은 중국 5대 불교명산(4대 명산을 포함) 가운데 하나로 꼽힌다. 이 산은 대리시에서 100㎞ 정도 떨어진 빈천현賓川縣 서북쪽에 위치한 산이다. 계족산은 모양새가 닭의 발가락처럼 생겼다고 하여 계족鷄足이라고 한다. 계족산의 불교 사찰들은 당나라 때부터 짓기 시작하여 송·원·명·청 시대를 거치면서 청나라 강희제 때는 200여 개의 크고 작은 사찰이 있었고, 승려만 해도 5000여 명이 살았다고 한다. 중국의 불교명산으로 볼 때, 계족산은 결코 규모가 작은 산이 아니며 현재도 불사가 이루어지고 있다.

　10여 년 후, 63세의 허운은 '계족산을 청정 도량으로 만들겠다'는 서원을 지키기 위해 제자 계진과 함께 계족산으로 들어와 석문石門 앞에 초막을 지었다. 초막을 짓기 시작한 지 며칠 후, 계족산 승려들이 몰려와 '계족산은 대대로 승려 자손들 땅인데, 이곳 자손이 아니면 절을 지을 수도 없고, 생활할 수 없다'며 초막을 불태웠다. 허운은 그들과 대립하는 것보다 때를 기다리기로 하고, 곤명 서산西山 복흥사福興寺로 옮겨 갔다. 그곳에서 3년간 폐관閉關(무문관) 수행하였다.

폐관에서 나온 스님은 운남성 일대의 여러 곳에서 설법을 청하면 거절하지 않고 법을 설했다. 대리시大理市 제독인 장송림과 이복흥이 숭성사崇聖寺에서 스님의 『법화경』 강설을 듣고 허운에게 귀의했다. 마침 이 두 관리의 도움으로 인해 허운은 계족산에 축성사를 창건할 수 있었다.

66세의 허운이 계족산 서쪽, 잡초만 무성한 후미진 곳에 움막을 지으면서 시작된 것이 바로 축성사이다. 원래 이 터는 발우암鉢盂庵이었는데, 명나라 때 이후 상서롭지 못한 이미지로 알려져 있어 폐허가 된 곳이다. 허운이 불사할 당시 영상사迎祥寺로 불리다가 불사를 마친 후 축성사祝聖寺라고 하여 지금도 축성사로 불린다.

1952년과 1963년 두 번에 걸쳐 중건했으나 문화대혁명(1967~1976) 때 철저히 파손되었고, 1980년 초 정부의 도움과 신도들의 보시로 축성사가 중건되었다. 허운은 당시 승려들과의 충돌을 염려해 구석진 곳에 세웠지만, 현재는 계족산의 중심지 역할을 한다.

작은 움막인 축성사에 많은 이들이 찾아오기 시작하면서 점차 불사가 되어 갔다. 또한 계족산 각 사찰의 승려들이 나쁜 습관을 버리고 계율을 회복하며 바른 법을 펼침으로써 청정한 불교명산으로 알려지기 시작했다.

축성사 대웅전 앞에서 향을 피우는 신도들. 중국은 사람 키만 한 향이 많다. (왼쪽)
중국 오대산의 폐관원. 한국으로 하면 무문관을 말한다. (오른쪽)

이른 아침, 축성사에 가기 위해 대리시에서 빈천현까지 버스를 탔다. 대리시에서 빈천현까지 100km 정도 거리인데, 빈천현 정류장에 내리니 오전 11시이다. 아침 공양도 하지 않았던 터라 계족산행 버스를 기다리던 중 음식점에 들어갔다. 아무거나 뱃속을 채워야 한다는 생각으로 만두 몇 개를 달라고 했더니, 주인은 흘깃 나를 보더니 말한다.

"저 만두에는 고기가 들어 있습니다. 아무것도 들어 있지 않은 만두를 먹으세요."

음식점 주인은 중국인들이 아침 식사용으로 먹는 만두를 주었다. 이런 경험은 며칠 전에도 했던 터라 무슨 의미인지 알고 있다. 승려에게 고기가 들어 있음을 말해 주면서 먹지 말라는 뜻이다. 한국의 장사꾼이라면 어떨

최고 봉우리인 금정사에서 바라본 계족산 전경

까? 중국인들의 승려에 대한 마음이 고맙고, 존경스러울 따름이다. 이런 신심 있는 중국인들이 승려들을 보호하고 있기 때문에 중국의 불교는 절대로 쇠퇴하지 않을 것이다.

 버스를 기다리는데, 출발시간 1시간 반이 지나도 버스는 출발하지 않는다. 이 나라 시골 지역은 시간을 엄격히 지키는 것이 아니라, 대체로 승객이 꽉 차야 출발한다. 이 점을 알고 있기 때문에 급한 마음 접어두고 마냥 기다리는 것이 상책이다. 결국 계족산 가는 몇 사람들이 '함께 택시를 타고 들어가자'고 하여 속으로 쾌재를 부르며 응했다.

 내가 지불해야 할 차비로 15원(한화 2500원)만 내면 되고, 거리는 2시간 정도 비포장도로이다. 중국은 지역별로 경제적인 차이가 있는데 운남성은 타 지역에 비해 경제적으로 열악한 곳이다. 입장료 이외 버스비나 택시비, 숙박비, 식비까지 다른 지역에 비해 매우 낮은 가격이다. 곤명에서 차관을 두 개 샀는데, 북경에 비하면 반도 안 되는 가격이었다. 여행경비가 많이 들지 않아서 좋기는 하지만, 가슴이 막막하다. 이들의 가난을 어찌해야 하나. 중국 변두리 지역은 이런데도 중국 경제가 세계 경제를 선도한다고 매스컴은 연일 떠들어 댄다.

빈천현에서도 계족산 입구까지 40㎞ 거리인 데다 아직 도로 포장이 되어 있지 않아 고생길이 훤하다. 또 계족산 입구에서 축성사까지 강원도 한계령 같은 고갯길로 한참 올라간다. 이렇게 한 번 찾아가는 일도 험하고 힘든데, 100여 년 전에 스님은 이런 험한 곳에 어떻게 불사할 생각을 했을까?

법랍이 조금 있다며 대우해 주는 사람도 없는데 대우 받으려고 하고, 하찮은 세속 나이가 적지 않다며 편한 것만을 추구한다. 문명의 이기심 속에 빠져 출가자의 본분을 너무 잊고 살아왔음을 뼈저리게 느낀다. 계족산 가는 내내 마음이 숙연했고, 출가자의 본분을 다시 한번 되새겨야 할 것을 맹세한다.

당시 허운의 법력과 명성으로 얼마든지 교통이 편리한 도심 사찰이나 고찰에 머물 수 있었는데, 66세의 결코 적지 않은 연세에 계족산을 청정도량으로 만들고자 고생을 자청한 분이었다. 스님의 원력이 지옥중생을 구제코자 지옥에 머무는 지장보살 원력과 무엇이 다르랴! 스님을 향한 존경심이 가슴에 벅차오른다.

허운의 불사원력과
축성사 순례

오후 2시가 넘어 축성사에 도착했다. 도량에 들어서니, 자료에서 읽었던 운이석雲移石 터와 진보정鎭寶亭이 있고, 그 아래 연못이 보인다. 당시 축성사 불사가 진행될 무렵, 절터 중앙에 큰 바위가 있었다. 풍수하는 사람

진보정과 운이석

조사당 입구. 이곳에 허운 선사 좌상과 스님의 행적상이
담긴 사진이 전시되어 있다.(위)
청나라 광서황제로부터 하사 받은 옥인 玉印(아래)

축성사 조사당에 모셔진 허운좌상(위)
조사당 내부에 전시된 허운의 행적상이 담긴 사진들(가운데)
청나라 광서황제로부터 하사 받은 발우와 불자(아래)

이 보더니 '바위가 백호를 상징하고 상서롭지 못해 절이 쇠퇴하는 데 영향을 끼친다'고 하였다.

스님은 이런 것에 연연하지 않으나 큰 바위가 도량에 어울리지 않아 옮기기로 했다. 10여 명의 장정이 3일간 옮기려고 애를 써도 움직이지 않아 포기했다. 허운은 바위 주위에 흙을 파고 지렛대를 이용해 승려들과 함께 원하던 곳에 바위를 옮겼다. 대리시의 문인들과 사대부들이 축성사를 찾아와 그 바위에 시를 지어 이름을 붙였는데, 운이석雲移石이라고 하였다.

허운은 축성사 불사를 위해 운남성 곳곳을 다니면서 불사금을 마련했고, 미얀마·태국·싱가포르·말레이시아 등지에서 법을 설하며 축성사 불사금을 구했다. 영국인 백금생柏金生 거사의 큰 보시가 있어 축성사 불사에 큰 도움이 되었다. 이 무렵 허운은 광서황제와 서태후로부터 '운남 계족산 발우봉 영상사 호국 축성선사'라는 용장을 받았으며 '불자흥법대사佛子興法大師'라는 시호를 받았다.

객당客堂에 들어가 지객스님을 뵙고, 한국 스님인데 하루나 이틀 묵겠다고 하였다. 중국의 큰 사찰들은 객스님이나 재가자들이 묵을 수 있는 방이 마련되어 있다. 재가자들은 식사를 포함해 하루 10~20원(한화 1700~3400원) 정도 보시금을 내야 한다. 이런 점은 중국 사찰들에서 일괄적으로 볼 수 있는데, 불교신자가 아닌 누구라도 머물 수 있다.

젊은 비구스님께서 방을 안내해 주고 그 무거운 가방을 손수 들어 주었다. 중국 비구스님들은 내가 외국인이어서 그런지 모르지만, 대체로 친절하다. 짬을 내어 지객스님께 '허운 스님에 관한 자료나 사진을 달라'며 귀찮게 하는데도 수고로이 구해다 주었다. 고마운 분인데, 제대로 인사도 못했다. 이 사찰에는 비구스님이 20여 명 상주한다.

오후에 조사당祖師堂에 들어가니, 스님의 좌상이 당우 중간에 모셔져 있고 사방으로 스님에 관한 행적과 사진들이 전시되어 있다. 오롯이 이번에 스님 발자취를 찾아 중국에 왔음을 마음에 새겨 넣는다. 스님께 3배를 올리며 발원했다.

"앞으로 스님을 거울삼아 게으름 피우지 않고 절집 밥 축내지 않겠습니다."

조사당을 나와 바로 옆에 위치한 사리탑으로 옮겨 갔다. 스님의 사리는 여러 곳에 나뉘어 모셔져 있다. 허운사리탑 옆에 관림寬霖 노화상 사리탑이 있는데, 최근에 열반하였다고 한다. 중국이 공산혁명으로 인해 수행하는 승려가 없었을 것 같지만, 훌륭한 수행자가 존재함을 잊지 말아야 한다.

축성사 허운 선사 사리탑(왼쪽)
축성사 대웅전에 모셔진 석가모니 부처님, 가섭과 아난 존자(오른쪽)

서안 종남산 향적사香積寺의 한 승려는 문화대혁명 기간 동안 노동을 하면서도 대웅전과 선도善導(562~645) 화상 사리탑을 지켰고, 종남산 초당사草堂寺의 어느 비구니스님은 목숨을 걸고 구마라집 사리탑을 지켰다.

조사당 옆 당우는 장경루藏經樓이다. 스님께서 베이징·미얀마·말레이시아 등지에서 노구의 몸으로 직접 가져다 놓은 경전이 이곳에 있다고 하는데, 볼 수는 없었다.

또한 바로 이곳에 우화대가 있는데, 스님께서 법을 설하자 꽃망울이 핀 것을 상징하기 위해 당우 이름을 우화대雨華臺라고 하였다. 축성사 불사를 막 시작했을 때, 인부들이 200~300년 된 밤나무 고목을 베려고 했는데, 스님께서 베지 못하도록 했다. '성정이 없는 중생일지라도 함부로 훼해서는 안 된다'는 스님의 자비였다. 당시의 제자들과 신도들은 꽃들을 우담바라라고 하였고, 몇 달간을 지속해 피어 있어, 운남성 사람들이 이 신이한 일

운남성 계족산 허운선사에 모셔진 허운좌상(왼쪽)
축성사에서 만난 티베트 사람들(이들은 불교 5대 산을 순례 중임)(오른쪽)

을 보기 위해 사찰에 참배왔다고 하니, 전설로만 남길 수 없을 것 같다.

또 허운이 87세 화정사에 상주할 때, 전계傳戒를 위해 천화대天花臺에 올랐는데 대웅전 앞의 오래전에 죽은 매화나무에서 백련화 수십 송이가 피었다는 기록도 전한다. 이런 신이한 일화는 글을 쓰면서 문자화하고 싶지 않지만, 스님의 성스러운 덕과 지행智行이 미물에게까지 미칠 수 있는 일로서, 나는 학자이지만 당연히 받아들인다.

대웅전 앞 양쪽에 북루와 종루가 있다. 종은 5000여 근으로 하단에 보타산 전경도가 새겨져 있고, 북에는 당나라 고승이 인도에서 경전을 가지고 중국으로 오는 장면이 묘사되어 있다. 허운이 이곳에 머물 당시는 반란·전쟁·혁명으로 인해 억울하게 죽은 사람들이 많았다. 스님은 법회 때마다 불쌍한 영혼들을 위해 염불해 주고, 그때마다 축성사의 종과 북을 울렸다. 종과 북을 쳐다보니, 스님의 중생을 향한 애틋한 마음이 스며든다. 그런데 종과 북이 언제 주조되었는지 정확한 연도는 알 수 없으나 허운이 상주하던 때의 종과 북은 아닌 것 같다.

허운은 계족산의 나전사羅筌寺·서축사西竺寺·흥운사興雲寺 재건 불사에도 힘썼다. 다음날 축성사에서 10여 분 거리에 위치한 흥운사에 갔더니, 비구니스님이 문화대혁명으로 인해 파괴된 사찰을 복원불사하고 있었다. 또한 축성사에서 10여 분 거리에 허운선사虛雲禪寺라는 절이 있다. 예전에 만수암萬壽庵이라고 불리던 비구니 사찰인데, 유승惟升[10]이라는 비구스님이 중건하면서 '허운선사'라고 개명하고 스님의 유물을 전시할 예정으로 보인다.

저녁 6시 공양을 마치고 도량에서 포행을 돌고 있는데, 티베트 승려를 포함한 여섯 명의 재가자가 모여 앉아 있었다. 그들은 모두 티베트 사람으로 평균 60세가 넘은 분들이었고, 계족산을 포함해 중국의 4대 불교명산을 순례하고 있는데 계족산이 마지막이라고 한다. 1시간 전 축성사 스님들이 저녁 예불할 때, 티베트 사람들이 대웅전 앞 땅바닥에 엎드려 오체투지하고 있는 모습을 보았는데, 이분들이었다. 티베트인들의 불심을 알고 있는지라 티베트 사람들을 보면 애잔한 연민심이 앞선다.

그들과 짧은 대화를 나누면서 "나를 포함해 한국 불교신자, 전 세계 사람들이 'Free Tibet!'를 외치니, 희망을 잃지 말라"면서 'Free Tibet!'를 써 주었다. 그런데 이분들이 영문을 알지 못했다. 다시 한자로 "자유自由 장족藏族!"이라고 써 주었더니, 엄지손가락까지 들어 보이며 모두 환하게 웃는다. 처음 써 준 영문을 부적처럼 가지고 다닐 거라고 한다. 이런 대화를 나누면서 혹시 한족漢族 사람들이 들을까 주위를 살폈다. 묘한 기류가 흐르지만, 이들과 비밀대화를 한다는 것 자체가 혁명투사가 된 기분이다.

솔직히 티베트 사람들에게 희망을 가지라고 하지만, 내가 알고 있는 중국은 절대 티베트에 자유를 주지 않을 것이다. 곧 중국은 티베트가 독립하도록 가만두지 않을 거라는 것이다. 중국의 못된 패권주의를 어떻게 세계가 가만두는지 안타까울 따름이다.

사찰에서 묵는지라 비누와 칫솔을 가지고 있지 않았다. 다시 지객스님

---

10) 허운의 선사상 전개를 소개하는 장에 운문종 13세인 불원佛源 화상에 대한 소개가 있다. 유승은 불원 화상의 제자이며, 필자가 이 글을 준비하는 데 참고한 참고문헌 『虛雲老和尙的足跡』의 저자이다.

에게 가서 세숫비누를 하나 달라고 했더니 한참 후에 빨랫비누를 가져다 준다. 중국 비누는 한국 비누보다 좋지 않지만 이것도 감지덕지라 생각하고, 세수하면서 빨랫비누로 얼굴을 박박 문질렀다. 번뇌까지 제거되라고 읊으면서.

계족산 가섭전사
금정사 순례

금정사 가는 길. 티베트 불교신자들이 걸어놓은 룽다

계족산鷄足山 축성사祝聖寺 아침 공양시간이 7시 30분인데, 밖을 나가니 어둑어둑하다. 베이징과 운남성은 시차가 2시간 정도인데, 중국 전 지역은 통일된 시간을 쓰기 때문에 아침 7시라고 해도 한국으로 치면 새벽 5시 정도이다. 당연히 저녁 8시 정도 되어야 해가 기울기 때문에 여행객에게 좋기는 하다.

어제 오후 축성사 부근에 위치한 사찰 몇 곳을 순례했고, 오늘은 아침을 먹자마자 계족산 정상을 등반해야 한다. 계족산의 최고 봉우리에 위치한 가섭전사와 금정사 참배에 얼마나 시간이 소요될지 모르니, 일찍 출발하기로 했다.

새벽 홀로 산길을 걷자니, 호젓하기도 하다. 허운 스님은 이 길을 걸으면서 무슨 생각을 하셨을까? 스승이 걸었던 똑같은 길을 걷고 있자니, 마음이 숙연해진다. 솔직히 나는 부처님 이외에는 존경하는 스승이 없었다. 책과 씨름해야 하는 시간이 많아서인지 굳이 선지식을 찾고자 하는 구도심이 부족했다. 그런데 내게 귀감이 되는 스승을 만난 것이다. 바로 허운 선사이다.

도반 하나는 나의 지나친 허운예찬론에 내게 충고를 했다. 한국도 고대로부터 지금까지 위대한 스승이 많은데, 굳이 중국 승려를 존경하느냐는 비아냥이 섞여 있는 듯했다.

"글쎄……."

나는 불교라는 테두리 속에서 국적을 나눈 적이 거의 없었기 때문에 도반의 말에 동의할 수 없었다. 굳이 국적을 따져 논한다면, 석가모니 부처님도 인도인이고, 불교도 인도 종교가 아닌가. 그럴 필요가 없는 것이다. 불교에, 선禪에, 진리에, 선지식에 무슨 국적을 따져야 할 것인가. 그냥 석가모니 부처님의 한 제자요, 훌륭한 선지식이라면 존경받아야 할 일이지, 국적을 놓고 가늠할 일이 아니라고 본다.

이런저런 생각을 하며 산길을 걷는데, 어디선가 10여 명의 가족이 내 뒤를 바짝 쫓아오고 있었다. 아랫마을에 사는데, 휴일이어서 할머니를 비롯해 손자까지 온 가족이 산에 왔다고 한다. 길녘 정자에서 쉬는 동안, 꼬

금정사 가는 길에
만난 가족들

마가 사탕과 빵을 하나 건네준다. 혼자 우두커니 앉아 있으니, 어린애 눈에 내가 불쌍해 보인 모양이다.

지금이야 계족산 산길이 좋지만, 허운 스님이 가섭전사迦葉殿寺로 오르던 이 길은 쉽지 않았을 터이다. 축성사에서 출발한 지 3시간 만에 가섭전사 산문에 들어섰다.

천주봉天柱峰 동쪽 산비탈에 위치한 가섭전사는 계족산 사찰 가운데 종주宗主 역할을 하는 곳이다. 계족산에 영산일회靈山一會라는 편액이 자주 보이는데, 영산회상에서 가섭 존자가 부처님으로부터 이심전심으로 법을 전해 받았기 때문이다. 이 절의 이름은 가섭 존자가 부처님 가사를 전해 받고 발우를 들고 2000년 동안 미륵 부처님을 기다리며 수행하고 있다고 해서 얻어진 이름이다.

가섭 존자는 계족산의 상징적인 의미이며 가사전사袈裟殿寺라고도 불린다. 허운이 계족산에 온 이유가 바로 이 가섭전사의 가섭 존자를 친견하기 위함이었다.

이 절은 명나라 때 잠시 도교 사원이었다가 불교 사찰로 바뀌었고, 청

금정사 금전과 능엄탑

나라 때(1691년) 화재로 인해 폐허가 되었는데, 이듬해 혜문 스님이 중건했다. 문화대혁명(1967~1976) 때 파괴되었다가 1992년에 복원되었다. 막상 가섭전사 도량에 들어서니, 가섭전에 가섭 존자가 모셔진 것 이외에는 별 의미가 없었다. 이곳저곳 도량을 살피다 미얀마 종이 있어, 실수로 건드렸다가 스님께 혼만 났다.

가섭전사 앞에서 케이블카를 타고 금정사金頂寺에 올랐다. 계족산은 창산蒼山과 이해洱海를 마주하고 뒤로는 금사강金沙江이 흐르며, 산에는 40개의 봉우리가 있고, 3곳의 절벽 그리고 45곳의 샘터와 개천이 있다. 그중 최고봉인 천주봉은 해발 3240m인데, 바로 금정사 위치이다.

금정사는 15세기 명나라 때 창건되었으며 사원 전체가 청동으로 지어졌기에 금전金殿이라고도 한다. 금전 당우 전체가 금으로 칠해져 있으며 내부 및 관음보살까지 금으로 도금되어 있다. 지나치게 화려해 거부감이 일어날 정도이다. 금전 뒤편의 능엄탑楞嚴塔은 1929년에 불사를 시작해 1934

가섭전사 가섭전 당우(왼쪽)
가섭전에 모셔진 가섭 존자(오른쪽)

년에 완성된 탑으로 높이 42m, 13층이다.

그런데 가섭전사에서도 뼈저리게 느꼈던 바지만 이 사찰도 마찬가지로 지나치게 부적을 써 주거나 점을 쳐 주는 곳으로 이용되고 있다. 허운 스님께서 살아 계셨다면 얼마나 개탄했을 것인가. 실은 축성사 도량에도 부적을 파는 당우가 있었다. 사찰들의 이런 풍습에 혀를 찰 일이지만, 현 한국불교의 한 단면이기도 하다.

한국의 사찰들은 예전에 비해 지나치게 천도재가 많아졌고, 정월달에 부적을 파는 사찰도 더러 있다. 사찰 재정이 어려워 그렇게 하지 않을 수 없다고 하지만 어디서부터 바로잡아야 할 문제인가? 일본도 교외 사찰들은 도량 내에 장지들로 가득하다. 일본불교도 장례문화가 발달된 것으로 보이는데, 좋은 현상은 아닌 것 같다. 왜 이런 좋은 곳에 와서 불교의 암울함이 보이는지 이럴 때는 나 자신이 싫다.

최고 봉우리에서 동쪽으로는 아침 해돋이, 서쪽으로는 산과 바다, 남쪽으로는 구름, 북쪽으로는 만년설로 뒤덮인 설산雪山을 볼 수 있다고 하는데, 허운도 이곳에 올라와 계족산 풍경을 보고 감탄하였다. 명나라 지리학자이자 여행가인 서하객徐霞客(1586~1641)은 운남성 유람을 추천했고, 운남성 가운데서도 특히 계족산 산행을 권하며 이런 시를 읊었다.

'설산을 가리키니 하늘로 머리를 들고 보일 듯 말 듯하다.'
雪山一指 竪立天外 若隱若現.

허운은 최고 봉우리에서 내려와 다시 가섭전을 지나 서쪽 절벽 쪽으로 내려갔다. 이 절벽 석문이 화수문華首門이다.11) 이 화수문에서 가섭 존자가 입정에 들었는데, 아난 존자가 가섭 존자를 친견하러 왔을 때 석문이 열렸다는 전설이 있다. 허운은 화수문 석문 아래 서서 향로에 향을 피우고 절을 하였다. 그런데 이때 홀연히 석문 안에서 종소리가 은은히 퍼져 들려왔다. 함께 서 있던 참배객들이 놀라지 않을 수 없었다.

허운과 함께 계족산에 참배왔던 목유생 거사가 말하길 '가끔 이인異人이 오면 북과 경쇠 소리가 들려온다는 소문이 있었지만, 종소리는 처음 들었다'는 것이다.

계족산 정상 금정사 입구(위)
금정사 금전에 모셔진 관음보살.
당우 내벽과 외벽이 모두 금으로 도금되어 있다.(가운데)
금정사에서 바라본 계족산 전경(아래)

---

11) 운남성 일대 몇 사찰에 '화수중흥허운화상위華首中興虛雲和尚位'라고 쓰인 허운의 위패가 모셔져 있는데, '화수'란 바로 계족산을 상징한다. 계족산은 허운과 떼려야 뗄 수 없을 만큼 허운의 이미지가 있기 때문에 허운 이름 앞에 '화수'가 붙는 것이다.

대리 숭성사 순례

운남성雲南省은 한국의 1.8배가 되는 광활한 땅인데, 15일간의 일정으로 어찌 판단할 수 있겠는가? 그러나 내가 느낀 운남성은 한마디로 '모든 것을 다 갖춘', '무한無限'이라는 수식어로 표현하고 싶다. 공간적으로 자연·사람·하늘·바람이 하나를 이루고, 시간적으로도 사계절이 동시에 공존한다.

운남성 성도인 곤명昆明과 그 주변 지역에서 만발한 꽃과 푸른 열대림을 보았고, 북쪽으로 올라가면서 병풍처럼 펼쳐진 만년설산을 지겹도록 보았다. 곤명에서는 봄을, 북부 샹그릴라에서는 겨울을 만났다. 꽃은 끊임없이 피고 지고 한쪽에는 낙엽이 쌓여 있는데 고목 위에서는 새순이 돋아나는, 시작도 끝도 없는 영원함이었다. 그러나 아무리 '무한함'이니 '모든 것을 갖춘 땅'이라고 할지라도 어찌 내 나라의 아름다움에 비할 수 있으랴!

중국은 56민족의 다민족 국가로서 운남성에 52개 민족이 살고 있으며, 소수민족 비율이 약 33%로 다른 지역에 비해 소수민족이 가장 많이 사는 지역이다. 티베트인들은 당나라 때부터 운남성에 살았으며 그 이외 이슬람종족·몽골족·묘족 등은 원나라 때부터 살았다. 운남성은 미얀마·라

숭성사의 삼탑. 6~8세기 작품으로 중국의 보물 1호이다.
현 건물로 치면 20층 정도이다.

오스·베트남·티베트와 인접해 있는데, 사찰 구조나 불상과 당우도 이국적인 풍이 결합되어 있다.

이 운남성은 기원전 전국시대에는 전滇나라, 당나라 때는 남소국南詔國, 송나라 때는 대리국大理國에 속해서 원래 한족漢族의 나라는 아니었다. 대리국이 13세기 원나라 몽골족에 패한 이후 현 중국 땅으로 영입되어 운령雲岭의 남쪽에 있다고 하여 운남雲南이라고 한다. 대리국의 명칭인 대리시는 소수민족 가운데 백족白族이 많이 사는 지역이며, 흔히 말하는 대리석의 산지이다.

또 이 대리시는 역사적으로 한국과 밀접한 관련이 있다. 이곳은 백제 후손들이 이동해 살았다고 한다. 669년에 나당연합군에 의해 멸망한 백제 사람 3000여 명이 지금의 복건성으로 강제 이주를 당했는데, 이 후손들 중 일부가 1세기를 거치면서 한 부류는 지금의 라오스로 내려갔고 한 부류는 이곳 대리로 이주해 왔다. 이곳 대리에 최초로 장醬 문화가 발달되었으며, 우리의 삼신할머니 문화처럼 이곳에도 8신녀 사당이 있고, 그들을 신으로 모시고 있다는 것이다. 이런 몇 가지로 보아 역사학자들은 백제 후손들이 이곳에 뿌리를 내렸을 것으로 보고 있다.

백제 멸망 후 백제인이 대리시에 머물렀다고 한다.
대리에 장 문화가 발달했는데, 백제 후손이 전했다고 하는 증거이다. (감통사 도량 내에서) (왼쪽)

빈천현 계족산에서 내려와 대리시로 들어갔다. 대리에 들어섰을 때가 오후 2시였다. 숙소를 정하고, 먼저 대리시의 가장 유명한 삼탑三塔 숭성사崇聖寺를 찾아갔다. 한 가지 알아두어야 할 점은 승려들은 입장료를 내지 않아도 된다는 것이다. 간혹 외국 승려에게 입장료를 내라고 하는데 극히 드문 경우이다. 숭성사 입장료는 121원(한화 20,570원)으로 중국 돈으로도 엄청난 거액인데, 내게 있어서는 여행경비를 줄일 수 있어 반가운 일이다. 이럴 때는 승려임에 무한한 영광을 느낀다. 돈 몇 푼 때문에 '영광'이란 말까지 늘어놓지만, 승가의 한 일원으로서 세계적으로 통한다는 점이다. 부처님

숭성사에서 10km 떨어진 거리에 있는 일탑사(오른쪽)
멀리 창산에서 바라본 숭성사 전경. 숭성사 도량은 현 한국의 대학 교정 정도로 넓다. (가운데)

께서 왜 승가를 바다(海會)에 비유하셨는지, 이럴 때마다 절감한다.

숭성사의 삼탑은 당나라 때인 6~8세기 작품으로 중국 보물 제1호로 지정되어 있다. 일반적으로 탑은 아래에서부터 위로 세워 올라가는 형식인데, 이 탑은 피라미드처럼 모태를 쌓아 놓고 위에서부터 깎아내려 온 탑으로, 세계 유일한 탑이라고 한다.

삼탑은 중심 주탑主塔과 양쪽 작은 탑으로 구성되어 있다. 주탑을 천심탑千尋塔이라고 하는데, 천심탑은 높이는 69.13m(20층 건물 높이 정도), 4각형, 16층으로 전탑塼塔이다. 탑 꼭대기의 네 귀퉁이마다 청동으로 만든 금붕새(金鵬鳥)가 있다. 두 개의 작은 탑은 실심탑實心塔이라고 하는데, 높이 약 42.17m이고 10층으로 되어 있다.

이 숭성사에도 예전에 허운 스님이 머물렀다. 계족산 축성사를 창건하기 전, 65세의 허운은 운남성 곳곳 사찰에서 법을 설하였다. 이때 당시 대리의 제독 이복흥李福興·장송림이 허운에게 대리에 와 줄 것을 요청했다. 허운은 그들의 요청으로 삼탑 숭성사에 머물면서 『법화경』을 강설하였다. 당시 허운의 가르침을 듣기 위해 모인 대중이 수천 명이었는데, 멀리 사천성에서 온 사람도 있었다.

법문을 끝내고 허운은 몇몇 재가자들과 함께 창산蒼山을 등반했다. 등반을 마치고 돌아온 날, 이복흥李福興·장송림은 허운 스님께서 숭성사·일탑사一塔寺12) 방장으로 머물러 줄 것을 간청하였다. 그러나 스님은 '계족산을 불국토로 정화하고, 예전의 청정 도량으로 만들어야 한다'며 정중히 거절했다. 앞에서도 언급했지만, 이 관리들의 도움으로 계족산에 축성사를 창건할 수 있었다.

스님께서 만년에 법을 설할 때, 대리 숭성사에 머물렀던 때를 회고하며 '다 묵은 빚을 갚기 위해서 대리에 머물렀었다' 라고 말씀하신 것으로 보아 축성사 불사 도움에 대한 답례로 대리에 자주 오셨으며, 이곳 사람들의 요청을 거절하지 못했던 것으로 사료된다.

숭성사는 옛 대리국의 상징이요, 이 지역 사람들의 자랑스러운 문물이다. 숭성사를 배경으로 "불국佛國", "묘향국妙香國"이라고 불릴 만큼 불교적인 도시로 알려져 있다. 이 절에 왕자들이 출가한 적이 있었고, 다른 지역에 비해 관음보살을 숭배한다.

불교가 AD 1세기에 들어온 이래, 중국 문화유산 가운데 불교문화재가 가장 많은 부분을 차지한다. 불교사상은 도교와 유교에 영향을 주었고, 그림과 글씨, 문학 등 문화 전반에 걸쳐 불교사상이 담겨 있다. 문화대혁명은 모든 종교를 비판했지만, 사찰을 불사르고 불상을 파괴하며 승려들을 환속시키는 등 불교를 제일 먼저 청산했다. 그런데 이제 정치권이 바뀌고 자본주의를 받아들이면서 중국 정부는 도교뿐만 아니라 특히 불교 사찰 재건에 물심양면으로 지원한다.

솔직히 표현해서 불교를 숭상한다기보다는 단순히 돈벌이를 위한 수단

---

12) 일탑사는 홍성사弘聖寺라고도 하는데, 10~13세기에 지어진 대탑이 있는 곳이다. 일탑사는 숭성사에서 약 10km 떨어진 곳에 위치한다. 멀리서 보면, 일탑사 탑과 숭성사 탑이 나란히 보인다. 현재 이곳은 탑만 남아 있고, 무슨 연유인지 들어갈 수 없었다.

으로 사찰 불사를 해 준다는 점이다. 왠지 좋은 이미지가 아니다. 중국의 수많은 사찰을 순례하면서 불사가 잘된 곳을 여러 곳 보았지만 이렇게 거대하게 불사가 잘된 곳은 숭성사가 처음이다. 2003년에 중수했는데, 한국 돈으로 환산해 236억 원이 들었다고 하니, 중국 물가를 감안할 때 천문학적인 숫자이다. 사찰 당우로서는 없는 당우가 없을 만큼 완벽하게 갖추었고 지나치게 화려하다. 도량을 다니는 데 3시간 정도 소요되었는데 왠지 정이 가지 않고 거리감만 생긴다. 왜 이렇게 참회할 일이 자꾸 생기는지 모르겠다. 나무아미타불.

허운의 삼매,
창산 등반

관음당의 관음전, 연못 중심부에 관음전 당우가 있다. (위)

관음당 대웅전에 모셔진 석가모니 부처님과 가섭, 아난 존자. 특이한 점은 부처님의 V자형 수인과 부처님 머리 위에 독수리가 모셔져 있다는 점이다. 부처님 아래에 있는 부처님은 태국에서 모셔온 불상이다. (아래)

다음날 아침 일찍 대리시를 병풍처럼 감싸고 있는 창산蒼山을 가기로 정했다. 창산을 배경으로 전날 순례했던 숭성사도 있으며 창산 부근에 여러 사찰이 있어서이다. 무엇보다도 허운이 숭성사에서 『법화경』 강의를 마치고 창산을 등반하였다고 하니, 스님이 가셨던 곳을 확인하고 싶어서이다.

먼저 관음당觀音塘으로 향했다. 이 사찰은 최근 불사한 곳이 아닌 전형적인 신도들의 요람 같은 도량인데, 정겨운 이미지다. 대웅전에서 스님과 신도들의 공양 올리는 모습이 관광사찰보다 더 친근하다. 이 관음당은 6세기

오전 10시 사시마지가 끝나고 대웅전에서 나오신
관음당의 스님(위)
감통사 대웅전(가운데)
감통사 주지스님께 차 한 잔을 얻어 마셨다. (아래)

대웅전에서 사시마지가 끝나고 공양물을 내리고 있는
관음당의 신도(위)
감통사에서 중화사로 가는 길(가운데)
감통사 들어가는 입구에서 만난 감통사 스님(아래)

이전에 지어진 사찰로, 당나라가 대리국에 쳐들어왔을 때, 관음보살이 노파로 변신해 돌을 등에 지고 와 당나라 침략을 격퇴하는 데 도움을 주었다는 전설이 있다. 그래서 이 절을 대석사大石寺· 관음사라고도 한다.

이 관음당을 나와 30여 분 정도 걸어 감통사感通寺에 도착했다. 감통사는 차茶와 관련된 곳인지라 꼭 와 보고 싶은 곳이었고, 유명한 차 생산지로 알려져 있다. 차를 즐겨 마시는 중국인들은 차와 더불어 산· 사찰· 물맛이 좋은 곳을 선정하는데, 대리의 소수민족인 백족白族이 즐겨 마시는 삼도차三道茶 생산지 중 감통사의 감통차感通茶가 그중 하나이다.

감통사 산문 앞에 몇 기의 사리탑과 부도가 있었다. 감통사 20대 주지였던 전혜傳慧(?~1969) 스님 부도를 읽어 보니, 전혜는 계족산에서 1924년에 허운에게 구족계를 받은 제자였다. 산문에 들어서니, 감통사는 대웅전과 조사당, 승방으로 구성된 작은 도량으로 아담하다. 조사당에 허운의 위패가 모셔져 있고 최근에 열반한 스님들의 사진과 위패가 있다. 이 절에 세 분의 스님이 상주한다고 하는데, 스님께 차 한 잔을 얻어 마셨다.

창산 정상은 걸어서 갈 수 있는 거리가 아니라고 하여 감통사 입구에서 케이블카를 타고 창산을 오르기로 했다. 20여 분 뒤, 케이블카에서 내린 지점부터 중화사까지 10㎞ 걷는 것이 이곳 일정이라고 한다. 케이블카까지 타고 창산 중턱에 올라왔으니, 어쩔 수 없이 걸어야 할 판이다. 산허리를 10㎞ 산책길로 잘 다듬어 놓았고 아래로는 이해洱海라고 하는 강이 펼쳐져 있다.

창산은 큰 장관은 아니지만, 매우 깊은 산으로 평화로움이 느껴지는 곳이다. 5㎞ 지점을 통과하는데, 그곳 지명이 칠용녀지七龍女池였다. 비스듬한

창산에서 바라본 대리시와 이해(왼쪽)

바위를 배경으로 한 작은 연못인데, 일곱 마리 용이 아니라 한 마리 용도 물에 담기지 못할 것 같다. 그런데 이 주변에서 사람들이 말(馬)에 무엇인가를 싣고 산으로 올라가고 있었다. 한 아저씨에게 '이렇게 깊은 산속에 사느냐'고 물었더니, 그렇다는 것이다. 여기서도 1㎞ 더 위로 올라가는데, 그곳에 130여 명의 주민들이 살고 있다고 한다. 실제 운남성 깊은 산속에는 여인족만 사는 지역이 있다고 할 만큼 신비롭고 미개척된 밀림이 많다고 들었는데 이 말이 실감난다.

　이번 순례는 오로지 허운 스님 행적과 사상만을 염두에 두고 있다. 불필요한 것은 아무것도 하지 않는다. 내 마음에 빈 터를 만들어 놓고 스님의 행적에 맞추어 자신을 비추어 보고 수행 이정표를 기획하는 일이 전부이다. 창산의 산책로 10㎞를 터벅터벅 걷는 오후, 산은 고요하고 사람은 전

창산 계곡(가운데) 창산(오른쪽)

혀 볼 수 없다. 고요한 마음이 들면서 허운이 삼매三昧에 들었던 일화가 생각난다.

스님이 60대 초반 무렵, 베이징의 용천사龍泉寺에 머물다가 의화단의 난으로 황제가 서안西安으로 피난 갈 때 동행하게 되었다. 이때 허운의 이름이 널리 알려져 스님은 덕청德淸에서 허운으로 개명하고 서안 종남산終南山 사자암에서 홀로 수행하였다.

허운은 섣달 동지부터 정월 초이레까지 보름 정도 입정入定에 들었다. 주변 토굴에 사는 젊은 승려들은 허운이 전혀 기척이 없자, 혹시 짐승들의 피해를 입었는지 걱정이 되어 허운을 찾아왔다. 승려들이 암자에 도착하니, 허운이 공양간을 정면으로 보고 좌선하고 있었는데, 화롯불에는 전혀 열기가 없었다. 승려들이 허운이 앉아서 열반한 줄 알고 스님을 가볍게 치며 소리를 내자, 허운이 삼매에서 깨어났다. 젊은 승려들이 새해 축하 겸 찾아왔다고 하자, 허운이 '오늘이 동짓날 21일인데, 벌써 해가 바뀌었냐?'고 물었다. 승려들은 '오늘은 정월 초이레'라고 하였다. 그때서야 허운은 자신이 삼매에 들어 있었음을 알았다. 토란을 삶으려고 막 불을 피우다가 입정에 들었던 것인데, 자신이 삼매에 들었던 보름간을 잠시 잊고, 젊은 승려들에게 '토란이 다 익었을 테니 토란을 먹으라'면서 솥뚜껑을 열라고 하였다. 솥 안의 토란에는 곰팡이가 하얗게 피어 있었다.

일전에 책을 읽다 보니, 사자암에서 10여 년간 머물렀다는 '본허'라는 젊은 승려가 있는데, 이 승려는 '허운 스님을 본받는다'는 뜻으로 법명을 본허本虛라고 스스로 고쳐 불렀다는 것이다. 현 중국에는 본허 스님처럼 허운을 존경하는 승려들이 매우 많다.

또 허운 스님은 계족산 축성사를 불사하던 무렵, 태국을 방문해 화교사찰 용천사에서 한 달간 『지장경』과 『보문품』을 강독했다. 어느 날 허운은 가부좌한 채 경전을 독송하다가 입정에 들었다. 얼굴에 자비로운 미소를 머금은 채 눈을 살짝 감고 두 손을 포개고서는 움직이지 않았다. 스님께서 열반하였는지 세심히 살피다가 허운이 삼매에 든 것을 알고 한 승려가 주위에 고요히 해 줄 것을 요청했다. 그 무더운 여름, 스님이 삼매에 들어 있는 동안 태국의 황제와 황후가 다녀갔으며 수많은 이들이 귀의했다. 스님이 삼매에 들어 있는 동안 절 주변은 사람들의 물결로 가득 찼고, 경찰까지 대동해 질서를 유지시켰다고 한다. 8일째 되는 날에는 외신 기자들이 사진을 찍어 가 영국·프랑스·일본 등 해외에서도 스님의 사진과 기사가 실리는 일이 있었다. 결국 9일째 되는 날, 승려들이 건강이 염려되어 허운을 흔들어 출정出定하도록 하였다.

또 허운이 장시간 삼매에 들었던 일은 광동성 대각사에 머물 때이다. 앞에서 1951년 112세의 허운이 광동성 대각사에서 공산당 병사들에 의해 신체적 가해를 당한 일(운문사변雲門事變)을 언급했었다. 허운은 공산당에 의해 구타를 당할 때, 가부좌한 채 미동도 하지 않았다. 병사는 화가 나 퍽퍽 소리가 날 정도로 때리고 땅에 내던졌다. 병사들이 떠나고, 제자들에 의해 허운은 가부좌한 채 입정에 들었다. 6일째 되는 날, 몸은 점차 길상와吉祥臥의 모습이 되었고, 9일째 되는 날 허운은 정定에서 일어났다. 제자들이 9일이 지났다고 하자, 허운은 '몇 분밖에 지나지 않은 것 같은데, 꿈을 꾼 것 같다. 도솔천에서 미륵보살의 유심식정唯心識定 법문을 들었다'고 말씀하셨다.

요즘 사람들은 잠시 5분도 못 앉아 있는데, 허운의 삼매 이야기를 들으면 어떤 반응을 할까? 동국대 교양과목 수업에서 학생들에게 승려들의 장시간 입정삼매를 말하면 학생들은 전혀 믿을 수 없다는 반응이다.

3시간 정도 산길을 걸으면서 어떤 망상도 하지 않았다. 오롯이 나 자신에 직면해 나를 만나고 있다. 나를 만나지 못하는 빈틈은 허운의 사상과 행적으로 나를 채운다. 오래전에 보았던 톰 행크스의 '캐스트 어웨이(Cast Away)'라는 영화가 생각난다. 배가 난파되어 몇 년간 무인도에 살던 톰 행크스는 축구공이라는 매개체를 통해 외로움을 극복했다. 주인공은 공을 마치 사람인 양 다

들어주고, 공에게 감정을 토로하며 공과 대화를 나누었다. 공은 또 다른 자신의 분신이요, 자신을 위로할 수 있는 유일한 통로였던 것이다.

톰 행크스처럼 어떤 물건을 분신으로 해야 나를 만나는 것은 아니다. 어떤 매개체 없이도 나는 고독에 길들여져 있다. 미얀마의 우조티카 사야도는 사티(sati) 그 자체를 도반으로 여긴다고 하였다. 사야도만큼은 아니지만 이 점에 긍정하는 바다. 특히 이번 순례는 '나' 라는 도반과 함께 하면서 객관적으로 나를 만난다. 나 홀로의 삶에 오랫동안 길들여져 있고 익숙한지라 누군가와 타협 보고 함께하는 삶이 아니었다. 아만심으로 가득찬 내 삶의 질곡도 보인다. 진정으로 삶과 수행에 있어 무엇이 중요한가를 상념케 한 시간의 연속이요, 나를 바라보는 고독의 연속이지만, 내게 이 고독한 시간은 외로움이 아닌 삶의 충만한 시간이다.

순례 중 여유로움,
여강 옥봉사 순례

옥봉사 앞에서 민속춤을 추는 나시족 여인들
(고대 티베트종족)

여행 중에는 한국음식을 먹지 못하는 것으로 생각해 김치를 생각하지 않는데, 창산蒼山 10㎞를 걸었더니 피곤한 탓인지 한국 음식이 먹고 싶다. 아침녘 거리를 지나면서 Korea Guest House를 눈여겨보았던 터이다. 저녁 7시 무렵, 30여 분을 또 걸어 한국집을 찾아갔다. 그곳에서 50대 후반의 대구 능인고등학교 선생님을 만났다. 이분은 한문 선생인데, 중국 한자 문체에 관심이 많아 이런 곳만 찾아다니며 사진을 찍는다고 한다.

참 사람도 가지가지다. 똑같은 지역을 여행하고도 사람마다 다르게 말할 수 있는 것은 자신의 관심 분야만 찾아가기 때문임을 오늘 실감했다. 내 입장에서는 어느 지역을 가든지 불교사찰을 먼저 가고, 시간이 남으면 문화유산급 정도 되는 곳을 찾아간다. 게다가 어떤 글을 준비하거나 논문을 써야 할 경우라면, 오롯이 그 테마에만 마음을 둔다.

대리시大理市는 4000년 전부터 시작된 고성高城으로 유명하다고 하는데, 흥미를 느끼지 못했다. 운남성 순례 목적을 먼저 허운 스님에게 두었기 때문인지, 다른 일에 재미가 없었다.

대리에서 버스를 타고 여강麗江으로 향하고 있다. 지금 운남성 곤명에서 시작해 계속 북쪽으로 이동하는 중이다. 한국을 떠나온 지 열흘째인 것 같다. 현재의 나의 존재감이 무엇인지를 생각해 본다. 한동안 잊었던 한국에서의 나의 위치와 주위 사람들을 떠올려 보았다.

외국에서 몇 년을 살았고 홀로 순례를 몇 차례나 떠났지만 국제카드를 사용할 줄 모르고 구입해 본 적도 없다. 휴대폰조차 구형이라 로밍이 되지 않고, 로밍하려고도 않는다. 패키지 여행 때 보면 사람들이 어딘가로 전화를 하는데, 나는 전화할 데가 없다. 이전 여행에서는 간혹 PC방에서 메일을 확인하거나 인터넷 카페에 접속하는데, 이번 순례 동안은 인터넷을 전혀 하지 않았다. 인간은 누구나 고독한 길을 걸어간다. 특히 승려로서의 삶은 '누군가에게 기대하고 의지해서는 안 된다'는 그 '홀로'에 스스로를 길들이는지도 모른다.

대리에서 버스를 탄 지 3시간 만에 여강 터미널에 내리니 바람이 심하게 불어오고 조금 춥다. 숙소를 정하고 보니 오후 시간이 많이 남는다. 허운 스님이 계족산 축성사와 곤명 화정사 불사로 인해 바쁜 와중에도 정수正修 화상의 요청으로 여강 금산사金山寺에서 법을 설했다는 자료를 읽었다.

그런데 여강 지도를 아무리 꼼꼼히 보아도 금산사는 찾을 수 없었다. 안 되는 것은 포기하는 일이다. 한가한 오후, 그냥 빈둥빈둥 숙소에서 놀기로 하였다.

이번 여행에서는 마음에 누군가를 모시고 있었다. 당연히 허운 스님이다. 차를 마시면서 스님의 사상을 생각하며 숙소 안을 서성이다 보니 벌써 저녁시간이다.

슈퍼에서 쌀과 반찬을 사 왔다. 이번 한국을 떠나올 때는 밑반찬과 고추장을 챙겨 왔다. 이전 여행에서는 전기코펠로 라면이나 커피 정도는 끓여 먹었는데, 이번에는 밥을 해 먹고 고추장을 넣어 찌개도 만들어 먹었다. 식사 후 커피를 끓여 마시는데, '세상에 이렇게 맛있는 커피가 있을까' 감탄까지 나온다. 시간이 많이 소비되지만, 그 순간순간 나의 존재는 행복하다는 것이다. 허운의 수행관이 머릿속에 있는 터라, '지금 현재 움직이는, 그 누구인가'에 순간순간 초점을 맞추곤 한다.

지도를 살펴보니, 여강麗江에는 한족 사찰이 없고 여강 외곽지역에 티베트 사찰만 있다. 이곳은 어차피 교통이 불편하기 때문에 택시를 하루 빌려 움직이기로 했다. 실은 운남성 북쪽은 대부분 티베트인이 거주한다. 현재 감숙성甘肅省과 사천성四川省 일부, 청해성青海省은 원래 중국 땅이 아니다. 티베트 땅인데, 마오쩌둥이 1959년 티베트를 장악하고 난 뒤, 중국의 성省으로 편입시켜 버렸다. 이 일로 인해 인도 다람살라의 달라이라마는 마음 아파 하셨다. 예전에 청해성 사찰을 순례할 때 90%가 티베트 사찰이고, 주요 티베트 사찰들이 청해성에 있었다. 이 글을 쓰고 있는 근래, 청해성에서

옥봉사 전경(위)

옥봉사 대웅전(가운데)

옥봉사 대웅전에 최근 입적한
라마의 법석이 마련되어 있다. (아래)

지진피해로 1000여 명이 사망하고 부상자가 발생했다. 언제쯤 티베트인들의 눈에 눈물이 마를지. 나무아미타불.

다음날, 택시기사와 흥정을 해 보니 5시간 정도로 계산해 대여료가 200원(한화 34,000원)이라고 한다. 다른 지역에 비해 매우 저렴한 가격이다.

여강에서 외곽으로 15㎞ 지점에 위치한 옥봉사玉峰寺에 도착했다. 이 사찰은 1700년 청나라 강희제 때 창건된 사찰로 대웅전과 스님들이 머무는 당우가 두 개뿐인 작은 절이다. 대웅전에 들어서니, 부처님을 중심으로 주위에 온통 라마들 사진뿐이다. 카르마파 사진과 판첸라마 사진이 크게 걸려 있다. 이 사찰은 티베트 4대 종파[13] 중 백교이다. 백교는 카규(kagyud)파라고도 하는데, 11세기 마르빠에 의해 만들어져 인도 밀교 전통에 뿌리를 두고 있으며 사찰을 흰색으로 칠하고 흰색 옷을 입는다고 하여 백교白敎라고 한다. 그 지도자인 카르마파는 '살아 있는 부처'로 받들어지고 있다. 카르마파 17세는 현재 인도에 머무는데, 현 달라이라마 14세가 입적하면 카르마파 17세가 티베트망명정부 지도자로 추대될 것이라고 한다.

법당을 둘러보니, 한편에 법석이 마련되어 있었다. 티베트는 스승에 대

---

[13] 티베트종단은 크게 4파이다. ① 닝마[nyingma]파는 8세기 인도 불교를 티베트에 전한 파드마 삼바바로부터 비롯되었다. 붉은 가사와 모자를 사용한다고 하여 홍모紅帽파라고도 한다. 닝마파는 결혼이 가능하고 승려가 신비한 주술을 행하는 것으로 알려져 있다. ② 카규[kagyud]파. 즉 백교白敎. ③ 사캬[sakya]파는 11세기 후반 티베트 남서부 사캬 지방에서 꾄촉 갤뽀에 의해 성립되었다. 12~13세기에는 5명의 고승을 배출하였으며, 13세기 중반 몽골황제의 영향을 받아 사캬파 지도자가 왕으로 임명되기도 하였다. 현재 사캬파 지도자는 판첸(반선班禪)라마 11세이다. ④ 겔룩[Gelugs]파는 황모黃帽파라고도 한다. 14세기 말 종카파(Tsong Khapa, 1357~1419)에 의해 창시되었으며, 현 인도에 망명 중인 14세 달라이라마 종단이다. 현재 티베트 라싸 주요 사찰들이 대부분 겔룩파로서 가르침과 계율이 엄격하다. 이 겔룩파는 종교적·정치적으로 강한 종파로서 17세기부터 달라이라마가 티베트의 정치와 종교를 관장하고 있다.

한 존경심이 대단한지라 '누구 자리냐?'고 물었더니, 몇 십년 전 입적한 라마승 사진을 가리켰다. 티베트 사찰이 모두 그런 것은 아니지만, 특히 운남성 라마사찰 법당에는 법석이 마련되어 있었다. 몇 년 전에도 티베트 라싸에서 그 추운 겨울에 신발까지 벗고 제자가 스승에게 예를 올리는 모습을 본 적이 있다. 너무 존경스러워 한참을 지켜보며 가슴이 뭉클했었다. 스승에 대한 존경심이 부족해 스승을 찾아가는 일이 뜸해지고 있는 나 자신이 부끄럽다.

옥봉사 도량에서 5분 정도 걸어 올라가면 '만타산다萬朶山茶'라고 불리는 동백꽃이 있다. 고목에 몇 송이 동백이 피어 있다. 이 나무가 500살이라고 하는데, 옥봉사의 대표적인 상징이다. 이 꽃에 몇 가지 특징이 있다. 꽃이 만 송이가 피고, 한번 피면 오래 가며, 지상에서 나무 전체를 볼 수 있을 만큼 크지 않다는 점 등이다. 그런데 사진을 보면 알겠지만, 이 작은 나무에서 만 송이가 필 수 있겠는가. 만 송이는 중국인들이 표현한 지나친 과장이며, 4000송이 정도 핀다고 한다. 그런데 만타산다만이 아니라 옥봉사 주위에 있는 뭇 나무들이 가히 장관이다. 복 받은 땅이다.

여강에 티베트 5대 사찰이 있는데, 옥봉사·복국사·보제사·문봉사·지운사이다. 옥봉사에서 20여 분 거리에 복국사福國寺가 있는데, 불사 중이었다. 7명의 승려가 상주하며 관광사찰이 아닌 작은 사찰이지만 만년설인 옥룡설산玉龍雪山을 배경으로 하고 있다. 사찰 앞에 몇 백 평 정도 잔디밭이 펼쳐져 있는데 승려들이 유유자적하게 포행하고 있다. 머물고 싶은 곳이다.

추운 겨울 신발까지 벗고 제자가 스승에게 예를 표하는 모습.
라싸의 세라사 법당에서 찍은 사진이다. (위)
옥봉사 '만타산다'라고 불리는 동백꽃(가운데)
복국사 앞 나무와 매화(아래)

여강 고성 · 문봉사 · 보제사 순례

운남성 여강麗江의 고성古城은 송나라 말기부터 원나라 초기에 건설되기 시작했다. 이 여강 고성은 소수민족 나시족(納西族) 사람들의 터전이다. 나시족은 고대 티베트종족에서 갈라져 나온 종족이다. 900여 년간의 역사를 지닌 고성은 지금도 나시족이 살고 있으며, 1999년 유네스코 세계문화유산으로 지정되어 여행객이 많이 모여든다.

고성의 중심에 위치한 사방가四方街는 보이차 시장이다. 운남성 하면 보이차로 유명하며, 천년 전부터 이 보이차를 가지고 주변국가와 무역하였다. 차마고도茶馬古道는 운남성에서 생산된 보이차를 티베트의 소금과 약재, 말들과 교환하던 고대

여강 고성(세계문화유산) (위)
여강 고성 내에는 수많은 보이차 가게가 있다. (아래)

무역로를 통칭하는데, 지금 내가 머물고 있는 여강 고성이 바로 차마고도 시작점이다.

현재 여강 고성은 차茶뿐만 아니라 중국 문물을 파는 전통시장이나 다름없다. 평소 보이차를 즐겨 마시기 때문에 보이차를 구경하려고 다녔지만, 천차만별인 보이차를 기웃거리는 일이 쉽지 않다. 먼저 맛을 봐야 하는데, 상인들이 차를 주지 않는다. 고성 이곳저곳을 다니다 보니, 어디선가 한국말이 들린다.

"더러우니까 사 먹지 마!"

오랜만에 듣는 한국말이다. 뒤를 돌아보니, 여학생 세 명이 여행온 듯싶다. 과일 파는 아주머니가 한국인들에게 과일을 사라고 하니, 가장 나이 많은 학생이 다른 학생에게 하는 말이다. 중국 물건에 대해 좋지 않은 점을 뉴스로 많이 접하는데, 꼭 그렇지만도 않다. 중국에서 파는 과일은 한국보다 더 안전하다고 보면 된다. 길거리에서 사 먹는 음식은 한국돈으로 천 원도 안 되는 가격이지만, 큰 문제가 없다. 즉석에서 바로 만들기 때문이다. 오히려 고가의 음식점에서 만든 음식이 더 위험하다.

한국 여학생의 말이 썩 좋게 들리지 않았다. 그 말 속에는 중국에 대한 비하와 편견이 담겨 있어서다. 'China'라고 하는 나라 이름도 도자기를 의미할 정도로 중국 도자기는 세계적으로 유명하다. 중국의 차관이나 찻잔 중 일부는 한국 도자기에 비해 엄청난 고가이고, 차茶도 한국 녹차에 비해 품질 면에서 뛰어나 세계적으로 좋은 품평을 받고 있다. 중국의 물건들을 모두 품질 낮은 것으로 평가해서는 안 된다.

'아는 만큼 보이고 이해하는 만큼 사랑한다'고, 중국에 대해서 나도 비판을 하지만, 솔직히 중국 문화에 대해 이해하고 중국 사람을 알기 때문에 비판을 하면서도 애정이 담겨 있음을 고백한다.

그런데 여강 고성이 세계문화유산이라고 하여 이곳저곳을 다녀 봤지만, 상점 구경만 하는 것 같아 원래 일정을 서두르기로 했다. 점심을 간단히 해결하고, 여강의 남은 두어 곳 사찰을 순례하기로 했다. 해가 길어 충분히 가능하기 때문이다.

먼저 문봉사文峰寺로 향했다. 여강에서 8㎞ 떨어진 곳에 위치하는데, 차는 산속 길을 한참 달렸다. 붉고 흰 매화꽃이 만발해 있고 주위 풍경이 아름다워 시간만 많다면 걷고 싶지만, 한국 돌아갈 날이 며칠 남지 않아 낭만은 접어두기로 한다. 사찰 순례는 미리 조사를 하고 가는데, 여강 사찰들은 지명만 알고 갈 뿐이다.

문봉사도 어제 다녀온 옥봉사와 같은 종파인 백교白敎이다. 1733년 청나라 옹정제 때 창건되어 지금까지 학인들에게 교학을 가르치는 불학원이다. 도량에 들어서니, 10대 중반의 동자승들이 청소를 하고 있다. 오래된 고목과 어우러진 대웅전의 규모를 보니, 꽤 많은 승려가 상주하는 것으로 보인다. 이 대웅전에도 열반한 스승의 법석이 마련되어 있다. 법석의 주인이 빨리 환생하여 그 법석에 앉아 중생들에게 설법하기를 간절히 발원한다.

대웅전을 나오니, 어디선가 경 읽는 소리가 들린다. 30여 명의 동자승

문봉사 산문(위) 문봉사 전경(아래)

지운사 산문 입구(위 왼쪽)
공양 짓고 있는 사미승들(위 오른쪽)
동자승이 스승에게 강 바치고(암기한 경전을 스승 앞에서 시험 보는 것) 있는 모습(아래 왼쪽)
문봉사 도량에서 청소하고 있는 사미승들(아래 오른쪽)

들이 흩어져 경전을 읽고 있고, 한 동자승이 암기한 경전 글귀를 스승에게 강 바치고 있는 모습이다. 강사스님께 양해를 구하고 사진을 찍었는데, 강사스님의 학자풍 모습과 어린 동자승들의 천진한 모습이 내 마음에 추억어린 풍경화로 남아 있다.

그곳을 벗어나 공양간 쪽으로 가 보니, 그곳에서 10대 후반의 사미승들이 공양을 준비하고 있었다. 냄새가 역한 고기냄새이다. 티베트 승려들은 당연히 육식을 한다. 그 이유는 다양하다.

첫째, 티베트는 대다수 지역이 얼음과 눈으로 덮인 산이 많아 땅이 비옥하지 못해 쉽게 먹을 수 있는 식량은 가축이었다. 둘째, 티베트는 유목민으로 늘 푸른 초원을 찾아 이동하였던지라 씨를 뿌리고 수확을 기다릴 만큼 태생적으로 정착하는 민족이 아니었다. 이동하면서 먹기 쉬운 음식이 가축이었다. 이런 토양적인 특수성 때문에 티베트 승려들의 육식문화는 어쩔 수 없는 일이다. 미얀마 승려도 육식을 한다. 어느 때는 식단의 70%가 고기와 생선이 주를 이루는 음식이다. 한국이나 중국은 채소와 과일이 풍부한 농업민족으로, 안주하는 민족이다. 게다가 불교가 도교적인 성향과 어우러지면서 초기불

보제사 도량

교와 다르게 북방불교를 형성한 것이다. 한국불교의 계율적인 잣대로 그들의 육식문화를 비판할 수 없다는 점이다.

　육식으로 계율을 거론한다면, 한국 승려도 문제점이 많다. 미얀마 승려들은 정오 12시 이후로는 식사를 하지 않고, 평소에 늘 가사를 수하며, 음악을 듣거나 노래 부르지 않는다. 한국 승려들은 음악하고 그림 그리는 일도 하고, 오후 식사를 당연히 하며, 평소에 가사를 수하지 않는다. 미얀마 승려들은 북방불교의 이런 점을 가지고 못마땅하게 여긴다. 똑같은 부처님의 제자들이지만 유목민인 티베트와 농업민족 국가가 다를 수밖에 없다는 점이다. 『금강경』에 '일정한 법이 없다(無有定法)'고 하였으니, 계율도 문화적인 차원에서 이해되어야 할 것이다.

어쨌든 문봉사를 순례하면서 티베트가 자치국가로서의 주권은 잃었지만, 불교 정신문화가 살아 있음에 위안을 삼는다. 이곳에서 나와 30여 분을 달려 지운사(指雲寺)에 당도했다. 택시기사와 원래 약속한 곳이 두 곳으로 지운사가 아닌 보제사였는데, 기사가 착각하고 나를 지운사에 내려준 것이다. 오히려 내겐 잘된 일이지만, 이 사람도 먹고살기 위해 운전하는 것이니 기사에게 요금을 더 주겠다는 약속을 하고 지운사 도량에 들어갔다가 나와 보제사로 가기로 했다.

지운사 산문 앞에는 도로 한편에 100m가 넘게 백탑(白塔)이 줄지어 서 있다. 소박해 보이면서도 장엄한 모습이다. 이 사찰은 1727년 청나라 옹정제 때 창건되었다. 승방(僧房)이 24원(院)으로 그 옛날에 승려가 많이 살았다고 한다. 대웅전에 들어가려는데 동자승을 포함해 20여 명의 스님이 저녁 예불을 하고 있었다. 참배하면 좋겠지만, 어린 동자승들이 이방인만 쳐다보느라 정신없을 것 같아 들어서지 않았다.

이전 여행 때 티베트 사찰(청해성·감숙성)에서 많이 보았던지라 도량 한 부분만 보아도 규모를 알 수 있다. 티베트 사찰들은 도량이 비슷하다. 이 비슷비슷한 도량임을 알면서도 또 보제사로 향하고 있다. 내 팔자려니…….

보제사(普濟寺)는 여강에서 서북쪽으로 5㎞ 지점으로, 시내와 가까운 곳에 위치해 있다. 보제사 입구에서 내려 조금만 걸어가면 있겠지 싶었는데, 절 표시도 보이지 않고 날은 조금씩 어두워진다. 그래도 무작정 20여 분 산길을 걸었다. 도량에 들어서니 어디선가 개 짖는 소리만 들린다. 날은 어둡고 몸과 마음이 무거운데, 개까지 나를 심란하게 한다.

이 보제사는 1771년 청나라 고종 때 창건된 사찰이다. 1937년에 청동기와로 대웅전을 불사한 이후, 이 사찰을 동와전銅瓦殿이라고 불렀다. 마침 스님 한 분이 서 있는데, 저녁 공양을 마친 것으로 보인다. 이 사찰에 승려가 5명인데 전부 나시족이라고 한다. 대웅전 앞에 수사해당垂絲海棠(해당화)이라고 하는 고목이 있는데, 보는 각도에 따라 나무 생김새와 풍모가 달리 보인다.

한쪽 구석에서는 매화가 만발해 향기가 도량에 그득하고 어디선가 향긋한 바람까지 불어온다. 아름답게 지는 노을을 등지며 산을 내려간다. 오늘 묵을 숙소가 있고 수중에 금전이 있는 나도 쓸쓸한데, 외국을 순례할 때 무일푼이었던 허운 스님의 외로운 나그네 심정이 어떠했을까?

보제사의 라마승(나시족)

지상낙원 샹그릴라, 벽탑해 순례

여강에서 샹그릴라 가는 중 풍경(왼쪽)
여강에서 샹그릴라 가는 중 설산 모습(오른쪽)

여강麗江에서 버스를 타고 샹그릴라(香喀里拉)로 향하고 있다. 샹그릴라에 가까워지자 마을 어귀마다 백탑白塔이 보이고 탑 주위에 룽다가 펄럭인다. 또 바위나 돌에 옴마니반메훔이나 경전 글귀가 새겨져 있다. 룽다는 천 조각에 부처님 형상이 그려져 있거나 진언이 쓰여 있는 것을 말하는데, 부처님의 법력이 허공에 날려 이 중생세계가 극락이 되길 염원하는 의미이다. 이는 티베트불교의 상징으로 티베트인들이 살고 있는 지역임을 뜻한다. 샹그릴라의 주민들은 대부분이 소수민족인데, 티베트종족이 43%이다.

'샹그릴라'는 제임스 힐튼이 쓴 『잃어버린 지평선, Lost Horizon: 1933』이라는 작품에 나오는 가공의 장소이다. 곤륜산맥의 서쪽 끝자락에 위치하는 '지상에서 평화롭고 영원한 행복을 누릴 수 있는 유토피아'를 묘사했는데, 동양에 대한 이국적인 호기심이 담겨 있다. 이 소설이 대중적인 인기를 얻으면서 지상 어딘가에 존재하는 천국을 말하는 보통명사가 되었

다. 샹그릴라는 '마음속의 해와 달'이라는 뜻으로 티베트불교에 전승되는 신비의 도시 샴바라(Shambhala, 香巴拉)에 근거를 둔다. 1997년 중국 정부는 운남성의 가장 북쪽인 중전中甸 지역을 샹그릴라로 공식 발표하고, 지역 이름까지 샹그릴라로 바꾸었다.

운남성은 사계절이 봄 날씨라고 하는데, 이번 여행에서 열흘 정도 봄

벽탑해(왼쪽)
광동성 운문산 대각사 동자승들이 사시기도를 하기 위해 대웅전으로 들어가고 있다.(오른쪽)

날씨를 경험했고 북쪽으로 올라갈수록 점차 추웠으며 바람도 심했다. 샹그릴라 버스정류장에 내리는 그 순간부터 너무 추워서 계속 움츠러들 지경이다. 영하 3도를 웃도는 날씨에 거리마저 황량하다. 여름에도 이곳은 평균기온이 15도 정도라고 한다. 도대체 무얼 가지고 이 지역을 지상낙원이라고 했는지 알 수 없다. 말이 좋아 지상낙원이지, 운남성에서 제일 추운 곳이며 한국보다 더 춥다. 솔직히 표현해서 중국 정부에서 지역 발전의 균등을 위해 이 지역을 샹그릴라로 정해 놓은 것으로 보인다.

운남성을 비롯한 남쪽지역은 겨울에도 난방이 되지 않는다. 컨디션도 그다지 좋지 않아 괜찮은 숙소를 찾아 온풍기가 되는지 확인했다. 방에 들어가 온풍기를 틀고 전기코펠을 사용하니 그나마 조금 온기는 있는데, 춥기는 마찬가지다. 할 수 없는 일, 누가 시켜서 다니는 것도 아니고 지가 좋아서 다니니 누구에게 불평하랴.

다음날, 이 지역 관광코스 대명사인 벽탑해碧塔海를 가기로 하고, 자동차 주인과 대여비를 흥정했다. 다행히 좋은 티베트 사람을 만나 오늘 하루를 움직이기로 했다. 그런데 벽탑해 입장료로 인해 놀라지 않을 수 없다. 중국은 어디나 입장료가 비싸고, 사찰도 대부분 입장료를 받는다. 한국이라면 어떨까? 몇 년 전 국립공원 사찰 입장료 때문에 스님들이 곤혹을 치른 적이 있다. 불쌍한 한국 스님들이다. 벽탑해 입장료가 190원(한화 32,300원)인데, 고액의 입장료다. 입장료 조금 깎으려고 불쌍해 보이는 척하며, 내가 아는 중국말을 다 늘어놓아도 안 된다. 이 나라는 호텔, 백화점, 관광명소 등지에서 가격 흥정이 가능하므로 중국에서 부르는 값을 다 주어서는 안 된다.

벽탑해 인근은 원래 티베트 땅이고, 벽탑해는 고원분지에 있는 성호聖湖이다. 즉 큰 호수인데, 티베트인들은 호수에 부처님과 라마의 성스러움이 담긴 것으로 여기고 호숫가를 돌며 기도하는 풍습이 있다. 이런 티베트인들의 기도처를 공원으로 만들어 놓고 거액의 입장료를 챙기는데, 누구를 위한 건지 모르겠다. 오늘 하루 이용하는 자동차 대여료로 150원을 지불하기로 했다. 하루 종일 운전하는 대가가 겨우 150원(한화 25,000원)이고, 노동자 한 달 월급이 천 원(한화 170,000원) 정도인데, 관광객은 1~2시간의 관광을 위해 190원을 쓰고 있는 셈이다.

모두가 공평하게 일하고 수확물을 평등하게 나눠 갖자는 사회주의 국가인 이 나라가 도대체 누구를 위한 사회주의인지 모르겠다. 소수의 몇 명만이 배부르다는 점이다. 그래서 불교의 평등과 자비사상이 불평등한 이 세상에 어필될 수 있는가 보다. 아마도 허운이 세상에 머물던 시대, 운남성은 더 힘들었을 것이다. 그래서 허운은 당신을 위한 안위가 아닌 중생들을 위한 연민으로 평생을 살다 가셨던 것이다.

선사였지만 당신의 수행보다 중생에 대한 이해와 사랑이 그의 전부였다고 해도 과언이 아니다. 스님이 곤명昆明 화정사華亭寺에 머물 당시, 국민당 정부 관병들의 수탈이 심했다. 운남성 주민들은 이 약탈로 인한 피해가 심해 화정사로 피난 왔는데, 점차 그 숫자가 늘어나 몇 천 명에 이르기도 했다. 이들에게 음식과 숙소를 제공하다 보니, 승려들조차 먹을 것이 없었다. 쌀이 없어 난민들에게 죽을 주었는데, 한 젊은이는 승려들만 좋은 식사를 하는 줄 알고 난동을 부리기도 했다. 후에 그 난동 부리던 젊은이가 스님의 거룩한 뜻을 알고 스님께 귀의한 일화가 전한다.

또 스님이 광동성 남화사南華寺에 머물 때, 전쟁으로 인해 피신해 온 학생과 군인들에게 음식과 숙소를 제공했고 남화사를 중건하려고 모아둔 불사금을 광동성에 주둔하는 장군에게 내놓기도 했다. 또한 '솜옷마련기금' 운동을 하여 국민당 군인들에게 솜옷을 해 입히기도 하였다.

스님이 광동성 대각사大覺寺에 머물 때, 중국은 일본과의 막바지 전쟁으로 인해 수많은 고아들이 발생했다. 허운은 천여 명의 고아를 돌보았는데, 승려들까지 먹을 것이 없어 절 뒤에 심어 놓은 카사바(감자나 고구마의 일종)를 먹을 정도로 생활이 곤핍했으나 허운은 이런 일에 적극적이었다. 허운이 대각사에서 아이들을 돌본 데서 유래되었는지 모르지만, 현재 대각사에는 어린 동자승이 200여 명 상주한다. 아이러니한 일이지만, 예전 중국 사찰 순례 중 대각사에서만 몇 백 명 동자승을 보았다. 스님이 60여 년 전에 심어 놓은 자비의 씨앗이 현 중국의 젊은 승려를 키우는 데 일조했다고 해도 과언이 아니다. 스님의 중생을 향한 자비는 열반할 때까지 멈추지 않았다.

벽탑해 주변을 걷는 데는 두 시간 정도 걸렸다. 그냥 두 시간 동안 비싼 대가를 치르고 호숫가를 산책한 셈이다. 이곳을 벗어나 송찬림사로 가는 길녘에 작은 사찰인 대보사大寶寺를 가기로 정했다.

샹그릴라 대보사
송찬림사 순례

대보사 대웅전 내부

대보사 가는 길녘, 티베트 기사는 군말 한마디 없이 그곳을 안내했다. 여강에서도 몇 티베트 사찰을 다녔지만, 이 대보사는 말 그대로 시골의 작은 사찰이다. 불사가 완비된 인위적인 이미지가 아닌 자연스러운 모습 그대로이다. 대보사 산문에 들어서니, 20대 초반의 비구스님이 서 있다.

대보사 대웅전 옆 당우 입구

　　대웅전에는 오방불五方佛14)이라고 하는 편액이 걸려 있다. 3평 정도 되는 어둡고 작은 공간에 부처님이 모셔져 있고, 부처님 주위에는 온통 라마들 사진뿐이다. 산문을 나오니 닭, 염소, 오리들이 제 세상 만난 것처럼 뛰어다니고 사찰 주위에는 수많은 룽다가 펄럭인다. 이 깊은 시골에 누가 저

---

14) 불공성취불不空成就佛 · 대일여래불大日如來佛 · 부동불不動佛 · 아미타불阿彌陀佛 · 보생불寶生佛이 모셔져 있다.

대보사 도량(위)과 대보사 주변에 펄럭이는 수많은 룽다(아래 왼쪽)
대보사 주변에 걸려 있는 룽다. 돌에는 부처님의 경구가 새겨져 있다. (아래 오른쪽)

송찬림사 전경(위)
송찬림사 석가모니전에 모셔진 석가모니 부처님(아래 왼쪽)
부처님 좌우에 모셔진 보살들(아래 가운데)
부처님 하단은 판첸라마(아래 오른쪽)

렇게 많은 룽다를 걸었는지, 티베트인의 불심에 고개가 절로 숙여질 정도이다. 사찰 밖 도량을 두어 바퀴 돌았다. 티베트 불자들이 하는 대로 따라 하는 것인데, 티베트인들은 이렇게 사찰 밖을 돌며 염불한다.

불쌍한 티베트인들. 중국 정부는 티베트의 자치권 행사를 반대한다. 중국은 전 세계인들이 달라이라마를 만나는 것조차 반대하고 있다. 달라이라마를 초청하거나 모시면 "양 나라에 해가 될 뿐 이득은 없을 것"이라며 경고까지 한다. 또한 달라이라마에게는 "현 인도의 망명정부는 반중反中 행위이며 망명정부 역시 불법적인 것"이라고 경고한다.

달라이라마는 현재 티베트자치구뿐만 아니라 티베트인이 많이 사는 청해성青海省과 감숙성甘肅省 등 일부(중국 영토의 4분의 1)를 '대티베트 자치구'로 만들어 자치를 하겠다는 내용의 이른바 준독립을 요구하지만, 가망성 있어 보이지 않는다. 중국은 더욱 무장을 하고 티베트를 탄압할 뿐이니, 달라이라마도 민중들의 피 흘리는 모습에 백기를 드는 실정이다.

대보사는 매우 작은 사찰인지라 30여 분 만에 절을 나와 송찬림사松贊林寺로 향했다. 송찬림사는 일명 귀화사歸化寺라고도 하는데 1679년 달라이라마 5세와 청나라 강희제가 함께 창건한 사찰이다. 운남성과 사천성 일대 최대 사찰로서 겔룩파(Gelugs)의 사찰이다.

그런데 문제가 하나 발생했다. 이제까지 중국에서 사찰 입장료를 지불한 적이 없는데, 이곳에서는 입장료를 내라는 것이다. 진짜 스님이라며 여권 사진을 보여줘도 승려증을 보여 달라는 것이다. 승려증을 보여준다고 해도 이들이 한국말을 알 턱이 없을 터인데 말이다. 이곳 직원들은 모두 티베트 사람들이다. 더 이상 치사해지지 않기로 하고, 거액의 입장료 85원(한화 14,500원)을 지불했다.

일주일 전 숭성사 입장료 121원을 내지 않고 입장해서 '승려로서의 무한한 영광' 등등 하며 기뻐할 때는 언제고 돈 몇 푼에 불쾌해하고 있으니, 나의 불쌍한 중생심을 어찌하리.

송찬림사는 문화대혁명 때 파괴되면서 승려들의 숫자가 줄어들었다가 1980년대 이후 옛 명성을 되찾았다. 현재 승려가 800여 명으로 당우는 종카파전, 석가모니전, 융파강참絨巴康參이 전부이다. 작은 포탈라궁이라고 칭하지만, 내가 볼 때 그 정도 규모는 아니다.

티베트 사찰들은 제일 높은 지역이나 중심부에 법당과 종파의 종사宗師가 모셔진 당우가 있고, 그 이외 주변은 스님들이 거주하는 승방이다. 티베트 승려들은 대중생활이라고 하지만, 한국 승가의 대중과는 의미가 다르다. 티베트 승려들은 각각 개인 집과 마당을 따로 가지고 있고, 행사 때만 법당에서 서로 만날 뿐이지 그 이외 생활은 개별적이다.

도량에서 나가려고 하는데, 6~10명 단위로 승려들이 모여 앉아 체니(법론法論)를 하고 있다. 무슨 소리인지 알 수 없으나 승려들의 격렬한 논쟁이 재미있다. 티베트 불교의 장점 중 하나가 바로 이 체니인데, 좋은 본보기라고 생각된다.

그런데 어제 샹그릴라로 들어오는 길녘부터 코가 막히고 머리가 아팠다. 순례에서 육신을 고행시키지 않으려고 노력하지만 세월을 이기지 못하는 육신의 쇠퇴는 어쩔 수 없나 보다. 이번 여행을 하기 전 감기로 인해

송찬림사 도량에서 스님들이 법담(채니)을 하고 있다.

예정보다 늦게 중국에 들어왔는데, '자라 보고 놀란 가슴 솥뚜껑 보고 놀란다'고 겁이 덜컥 났다. 또 불청객손님과 함께 하는 일이 달갑지 않기 때문이다. 일단 거부가 아니라 타협 보고 수용하는 자세가 중요하므로 예정보다 하루 일찍 샹그릴라를 떠나기로 했다. 이곳은 내게 있어 지상낙원이 아니라 추위와 두통으로 인한 지상지옥이다.

다음날 오전 9시 곤명행 버스를 타고 가는 내내 머리가 아프고 속이 울렁거렸다. 13시간 버스를 타고 가는데, 정말 고행이 따로 없다. '이 나라는 왜 이렇게 땅덩이가 큰 거야!' 괜한 불평까지 나온다. 설상가상으로 덩치가 큰 서양 아저씨가 옆에 앉아 있으니 몸을 움직이는 것조차 쉽지 않다. 나는 살아서 지옥을 참 많이도 다녀온다.

그런데 막상 곤명에 들어와 하룻밤 자고 나니 컨디션이 썩 나쁘지는 않았다. 샹그릴라는 도시 전체가 3459m인 고산지대인데, 전날 감기 증세는 고산병이었던 것이다. 이전에 티베트 라싸에 갔다가 고산병으로 죽음 직전까지 간 적이 있었다. 고산병 증세는 사람마다 조금씩 다른데, 그 사람의 신체 가운데 가장 약한 부위를 먼저 공격한다.

운남성에 들어온 지 꽤 시간이 흘렀다. 앞에서도 언급했지만, 운남성은 빈부격차가 심하고 경제적으로 가난한 지역이다. 아마도 운남성 사람들의 불균형한 삶을 어루만져 주고자, 허운 스님께서 처음으로 이곳에서 불사하고 중생들에게 자비를 베풀지 않았나 싶다.

또한 운남성은 다른 지역에 비해 특징 있는 불교사상을 간직한 사찰도 없고, 유적지도 많지 않다. 허운 스님께서 불사하고 불교 불모지인 운남성에 심어 놓은 불심이 그나마 현재의 운남성 불교를 일구어 놓은 것이라고 생각된다.

다음날 새벽 0시 30분, 한국행 비행기에 몸을 실었다. 그동안의 순례에서 무엇을 추구했든 어디를 향해 나아갔든 순간순간은 기쁨이었고, 환희심이었다. 운남성을 순례하는 동안 삼보의 든든한 버팀목이 나를 살펴 주고, 허운 스님의 따스한 법력이 나를 감싸 주었기 때문이다. 허운 스님이 제자들에게 하셨던 말씀을 새겨 본다.

"인생은 꿈과 같다. 모든 것이 환상이다.
 공중을 나는 새의 종적을 찾을 수 있겠는가!
 불도를 닦는 사람도 마땅히 그래야 한다."

허운

제2장

허운 평전

001
허운의 구도 및 중생 구제

43세 때 부모님의 왕생극락을 기원하며 보타산에서 오대산에 이르기까지 3년간 4000km 구간을 3보1배하였다. 이때 허운은 폭설과 홍수, 병으로 인한 죽음의 고비를 넘기어 회향하였다. 또한 50세 전후의 허운은 해외로 성지순례를 떠났다. 2년 동안 허운은 인도에서 스리랑카로 갈 때 배를 탄 것을 제외하고, 모두 걸어 다녔다. 허운은 비바람과 눈보라를 만나도 여정을 고통스럽게 여기지 않았으며, 오히려 옛날에 방종했던 잘못을 참회하였다.
스님께서는 젊은 시절, 오롯이 불도를 향한 구도심으로 수행에만 전념했다.
교학을 배우고, 계율을 익혔으며, 기도정진하였다. 그뿐만 아니라 스님은 선지식을 찾아 선을 참구하고 부처님의 6년 고행처럼 10여 년을 넘게 고행하며 철저하게 계율을 지켰던 진정한 수행자였다.
허운은 만년에 진여사에 머물렀는데, 1년 뒤 진여사는 허운을 찾아온 사람들로 발 디딜 틈이 없었다. 스님은 이들에게 계를 주어 불문에 귀의토록 했다. 자비와 인욕으로 끝까지 맞서야 한다며 '아미타불' 염불운동을 적극적으로 펼쳤다. 또한 스님께서는 이곳에 선종 5가 중 종맥이 끊겼던 위앙종을 되살려 진여사를 위앙종 종풍宗風 본찰로 만들었다.

시대적 배경

허운(1840~1959)은 청나라 제국주의가 몰락하고 현 사회주의 국가가 들어섰던 격동의 시대에 살다간 선사이다.

청나라는 만주족이 세운 나라로서 강희·옹정·건륭황제 시대를 지나서부터 점차 부패하기 시작했다. 특히 군대 팔기군의 기강이 무너지면서 청국은 거의 유명무실한 왕조였고, 그 여파로 백련교白蓮敎의 난亂이 일어났다.

영국에서는 19세기 들어 상품을 판매할 목적으로 중국 광동성을 통해 무역하고자 청 왕조에 몇 번이고 건의했으나 청나라가 거절했다. 중국의 최대수출품은 차茶였고, 영국의 주요수출품은 모직물과 인도 면화였다. 양국의 무역수지는 대체로 중국의 수출 초과였기 때문에, 영국으로서는 차 수입을 결제할 은銀이 부족했다. 영국은 은을 지불하지 않고도 갚을 수 있는 방법으로 중국에 아편을 수출했다.

1820년 후반부터 중국에 아편이 들어와 1830년대는 중국에 아편중독자가 넘쳐났다. 1839년 황제는 관리 임칙서林則徐를 흠차대신欽差大臣으로 광동에 파견해 영국 배를 파괴하고 모든 아편에 불을 질렀다. 이를 빌미로 영국은 무력함대를 이끌고 중국을 공격함으로써 중국은 크게 참패했고, 결국 홍콩을 할양하는 등 영국과 난징조약을 체결하였다.

불평등한 난징조약이 체결되고 중국은 민심이 흉흉할 수밖에 없었다. 이런 무렵, 1856년 애로호 사건이 터졌다. 중국인 관리가 광동성 광주에 정박하고 있던 영국 배의 선원(모두 중국인)을 연행하고 영국기를 불태운 사건이었다.

마침 프랑스 선교사가 광동성에서 살해당했는데, 이 점을 이용해 프랑스까지 가세해 1857년 영국과 프랑스가 광동성 광주를 점령하였다. 그래도 청나라 정부에서 반응이 없자 영국·프랑스 연합군은 북상하여 톈진(天津)을 공격해 왔고, 러시아 군대까지 중국에 쳐들어왔다. 결국 중국은 영국·프랑스와 톈진조약을 맺었는데, 이 조약은 청나라가 영국과 프랑스에 배상금을 지불하고 개항 항구를 확대하며 아편 무역을 합법화하는 등의 내용을 담고 있다. 청나라는 이때 기독교 공인도 약속해야 했다.

조약을 맺고도 청나라 정부가 약속을 이행하지 않는다며, 1859년에 영국·프랑스는 베이징 근처까지 들어왔고, 1860년에는 황제의 별궁인 원명원(圓明園)을 폭격하고 약탈하였다. 결국 베이징 함락 후 청나라는 영국·프랑스·러시아와 베이징조약을 체결함으로써 전쟁이 종결되었다.

몇 차례의 조약은 중국에 있어 불평등 조약이었고, 반식민지가 된 상태에서 문명을 개방한 셈이다. 이로 인해 중국은 자존심이 구겨졌고, 청나라는 점차 멸망할 위기에 처했다.

한편 국내적으로는 1851년부터 15년간 홍수전(洪秀全)의 태평천국(太平天國) 난이 있었다. 홍수전은 과거시험에 세 번을 낙방하자, 청나라 만주족을 물리쳐야 한다고 주장하며 기독교 성경을 바탕으로 난을 일으켰다. 홍수전은 기독교 가르침 중에서 특히 야훼, 즉 천부상주황상제天父上主皇上帝만이 유일신이라는 교리를 내세우며 유교·도교·불교를 척결해야 한다고 주장했다. 이 무리들은 승려를 살해하고 불상을 파괴하는 등 점차 대담해졌다. 홍수전 세력은 몇 년 후 몇 십만 명으로 늘어났고, 혁명세력으로 발전해 청나라 정부를 위협하였다. 남방 지역에서 십여 년 동안 세력을 떨치던 태평천국은 내분으로 인해 홍수전이 자살함으로써 난이 평정되었다.

1894년 일본은 메이지유신으로 근대화를 이룬 뒤, 조선의 지배권을 두고 중국과 분쟁하던 중, 일본이 중국을 침략함으로써 청일전쟁이 일어났다. 중국은 일본에 크게 패해 시모노세끼조약을 체결하면서 일본에 승전 대가로 거액의 배상금과 요동반도·대만 등을 이양하였다. 이 패전으로 인해 중국은 제국주의 열강의 침략 본거지가 되는 불운을 겪게 되었다. 청일전쟁 이전부터 서양의 과학문명을 배워 중국을 부강케 하자는 양무洋務운동이 일어났는데, 청일전쟁으로 인해 양무운동마저 실패로 돌아갔다.

이 무렵, 국내에서는 1899년 의화단 운동이 일어났다. 이 운동은 외국 물건이나 외세 세력을 배척하는 농민운동이다. 산동성 부근에는 청나라 중기부터 백련교白蓮敎의 한 분파인 의화단이라는 비밀결사가 있었다. 그들은 무술을 하면서 주문을 외우면 칼이나 철포에도 상처를 입지 않는다고 믿었다. 의화단은 반기독교운동으로 선교사를 죽이고, 서양에 대한 적대감으로 인해 중국인이 외국물건을 소지하면 같은 동포를 죽이는 철저한 우국주의자들이었다.

청 왕조에서는 1900년 의화단을 이용해 서구 열강세력을 물리치려고 했으나 오히려 문제가 되어 서태후와 황제는 서안으로 도망가고 의화단은 열강 8개국 군대에 진압당했다. 결국 청나라 정부가 1901년 영국·프랑스·미국 등 8개국과 군대 철수를 조건으로 조약을 체결하면서 중국 땅은 열강의 반식민지로 전락하였다.

정치·경제적으로 더욱 혼란스러운 중국은 1905년에 최초 정당인 중국혁명동맹회革命同盟會가 결성되었다. 이를 시작으로 각 성省에서 반청운동이 일어나 1911년 신해혁명이 성공하였다. 손문孫文(1866~1925)을 대총통으로 하여 공화제를 기반으로 한 중화민국이 탄생한 것이다.

그러나 중화민국이 탄생하고도 여러 혁명파가 난립하는 것을 막기 위해 정부에서는 국민당을 창립하였으나 원세개袁世凱의 음모로 손문이 하야下野하고, 중국 각 성은 군벌정권 난립으로 혼란에 빠졌다.

각 성의 군벌들은 불교와 도교를 타도하는 길이 중국이 발전할 수 있는 길이요, 서구화의 길이자, 혁명이라고 주장했다. 관리들이 이런 사상을 가지고 있었기 때문에 군인과 학생들이 공자의 사당과 사찰에 불을 지르거나 파괴해도 묵인되었다.

1919년 조선의 3·1운동 영향을 받아 5·4운동이 일어났다. 일본이 21개조를 중국에 요구하며 압력을 가중시킬 때 베이징대학을 중심으로 일어난 반제국주의·반봉건주의 혁명운동으로서, 이때도 유·불·도에 대한 타도가 제기되었다.

'서양의 문물과 과학을 받아들이는 일로써 중국을 부흥시킬 수 있으며,

불교·도교는 중국 발전을 저해하는 요인'이라는 것이 5·4운동의 주역들과 당시 젊은이들의 사고방식이었다. 이 무렵 베이징·광주·장사·곤명 등지에서 '중국 사회주의 청년단'이 나타나 1921년에는 공산당으로 탈바꿈되었다. 공산당 창립 핵심 세력 13명 중 한 사람이 마오쩌둥이다.

불교계를 크게 자극한 문제는 묘산흥학廟産興學 운동이다. 묘산흥학을 최초로 제기했던 사람은 1898년 장지동이다. 그는 '중국의 학學을 체體로 하고, 서양의 학學을 용用으로 한다'는 기본방침 아래, 사찰재산의 10분의 7을 몰수하여 학교 교육에 충당하자고 하였다. 묘산흥학운동은 신해혁명(1911년) 전후 적극적으로 제의되기 시작했다. 또 이 문제는 1920년 후반 강소대학 교수 태상추의 발언으로 거듭 강조되었고, 그 이후로도 불교사찰 재산 몰수에 관해 다른 양상으로 전개되었다. 어쨌든 불교계에서는 묘산흥학이 불교 운동의 자극적인 역할을 하는 계기가 되었다.

1922년 군벌 타도를 목적으로 국민당과 공산당의 1차 국공합작이 있었다. 이후 1931년 일본이 만주사변을 일으켜 동북지역을 장악하자, 국민당과 공산당은 제2차 국공합작으로 일본에 대항했다.

이런 와중에도 공산당은 세력을 계속 키워 나갔고, 중국 대륙은 일본·공산당·국민당이 지배하는 지역이 따로따로 있었을 정도이니, 중국인들 눈에 눈물이 마를 날이 없었다. 1945년 일본이 패망하고, 국민당과 공산당의 4년여간에 걸친 국공내전에서 결국 공산당의 승리로 1949년 10월 1일 중화인민공화국이 수립되었다.

허운은 이와 같이 앞에서 전개한 시대, 즉 청나라 말기·국민당 정부·

공산당의 3세대에 걸친 험난한 시대에 살았다. 중국 근대에 반란이 발생하거나 혁명세력이 생겨나면, 이들은 한결같이 중국이 발전하지 못하는 원인을 유·불·도에 두고 이를 모두 미신으로 여겼고, 훼불을 자행했다. 그러나 허운은 불운한 시대에 태어났지만, 그 시대의 불운을 역행하였다. 제자들을 교육시키고, 불교 부흥에 힘썼으며, 중생들을 보듬는 자비로운 스승이자, 위대한 선사였다.

불교사적 배경

기원 67년 후한명제 때, 중국에 불교가 전래되었다. 불교가 전래된 직후부터 역경사업이 이루어졌으며 점차 불교는 중국의 전통적인 사상과 조화를 이루며 발전하였다. 중국의 토양성이 깃든 중국 불교로 완성된 것은 당나라 때(618~907)이다. 이 시대는 중국 역사상 문화·사상적으로도 뛰어났지만, 불교 철학이나 사상 체계가 고도로 발달해 불교사상이 가장 찬란했던 시기이기도 하다.

이렇게 찬란한 불교로의 발전은 한역된 경전을 중심으로 종파불교가 성립되었기 때문이다. 천태지의天台智顗(538~597)에 의한 천태종, 현장玄奘(601~664) 법사에 의한 법상종法相宗, 불공삼장不空三藏(705~774)에 의한 밀교, 도선道宣(596~667)에 의한 남산율종南山律宗, 구마라집(344~413)에 의한 삼론종三論宗, 선도善導(613~681)에 의한 정토종, 두순杜順(557~640)에 의한 화엄종, 선종禪宗까지 수나라 때부터 시작되어 당나라 때에 이르러 8종의 종파가 형성되었다. 이런 데서 기인해 중국 불교를 종파불교라고 한다면, 인도는 학파불교라고 한다.

선종은 520년 달마가 중국으로 건너온 이래 중국의 선종이 시작되었다고 본다. 육조 혜능에 이르러 선종의 역사는 큰 물줄기를 이루는 근원이 되었다. 혜능의 제자 중 남악회양과 청원행사가 있는데, 두 제자 문하에서 선종의 5가 7종이 형성되었다.

청원행사(?~740)의 법맥을 이은 제자 중 운문문언으로부터 운문종이 형성되었고, 법안문익은 법안종을 세웠으며, 조산본적과 동산양개로부터 조동종이 개산되었다. 남악회양(677~744)의 몇 대 법맥을 이은 위산영우와 앙산혜적으로부터 위앙종이 형성되었고, 임제의현이 임제종을 성립시켰다.

그러나 한역 경전이 대부분 이루어지고, 경전을 토대로 발전한 당대의 8종이 송나라 초기부터 명맥만 유지할 뿐, 그중 정토종과 선종만이 번성하였다. 즉 언제 어디서나 쉽게 실천할 수 있는 선과 염불이라는 점이다. 법안종계 영명연수(904~975)는 『만선동귀집萬善同歸集』을 통해 선과 정토의 융합을 논하고, '참선염불사료간' 게송을 지어 선정쌍수禪淨雙修의 필요성을 강조했다.

선종도 임제종과 조동종, 두 종파만 법맥이 유지되다가 임제종은 송나라 때에 황룡파와 양기파로 나뉘는데, 이 양기파 5대손인 대혜종고(1089~1163)로부터 간화선이 형성되었다. 간화선은 1700공안을 토대로 화두를 타파하는 수행법이다. 조동종에서는 후대에 굉지정각(1091~1157)과 진헐청료에 이르러 묵조선이 형성되었다.

원나라 때는 라마교의 폐단이 있었으나 고봉원묘(1238~1295)와 중봉명본(1263~1323) 등 임제종 계열의 뛰어난 선사가 배출되었다.[15] 한편 정토와 선이 하나로 종합되어 염불선念佛禪이 형성되었다.

명나라 때 운서주굉(1535~1615)과 감산덕청(1546~1623)은 임제종 법맥으로서 이들의 선 사상은 선과 정토의 융합이다. 운서는 말년에 염불삼매를 닦았고 『아미타경』을 주석하는 등 선정일치禪淨一致를 주장하였다. 또한 당시 선종의 여러 선사들도 선정일치를 주장하였다.

청나라(1662~1911) 때는 라마교가 중국 조정과 몽골·티베트의 봉신들을 연결시켜 주는 중요한 요소였으며, 중국 황제들은 라마승들에 대한 지원을 아끼지 않았다. 베이징의 대표 관광지 옹화궁雍和宮은 제3대 황제 옹정제(世宗 1722~1735 재위)의 저택이었다가 옹화궁으로 개칭되었다.16) 옹정제는 평생 라마교를 신봉해 스스로 원명거사圓明居士라 칭하고 궁전에서 티베트 승려들과 법을 논하기도 하였다.

베이징을 중심으로 북방에서 라마교가 유행했다면, 남방에서는 정토교가 주류였다. 말년에 옹정제는 선에 관심을 가지고 역대 선사들의 어구를 모은 『어선어록御選語錄』을 편찬하기도 하였다. 그는 승려들이 사대부들과 교류하며 예불하지 않는 산문의 병폐를 지적하면서 선정일치설禪淨一致說을 종지로 하는 『정토문』을 고취시켰다.

청나라 중기 이후로는 선을 닦는 수행보다 정토신앙이 우세하였다. 또한 깨달은 선승이 배출되지 못하고, 불교학은 이전의 사상을 답습하는 정도로 발전 없이 매우 저조하였다.

---

15) 이 두 선사의 뒤를 이은 석옥청공石屋淸珙(1272~1352)으로부터 고려 말의 태고보우太古普愚(1301~1382)가 법을 받았고, 평산처림平山處林(1279~1361)에게서 나옹혜근懶翁慧勤(1320~1376)이 법을 받아왔다.

16) 옹화궁雍和宮뿐만 아니라 현재 베이징에 위치한 황제들이 머물렀던 이화원頤和園이나 원명원圓明園, 북해공원北海公園 등은 궁전 내부에 법당이 있는데, 그대로 보존되어 있다.[원명원 기록만 있음] 청나라 역대 황제들은 라마식 기도와 독경을 하였다.

반면 청나라 말기에 들어 승려가 아닌 재가자들에 의해 불교학이 발전하였다. 청나라 말기 서구세력의 영향과 잦은 난으로 인해 거사들이 불교를 보호하고 연구하기 시작하면서 불교학 부흥이 일어났다. 거사들의 주된 관심은 화엄·유식·정토사상이었다.

대표 학자가 팽소승(1740~1796)이다. 팽소승은 대장경을 읽고 불교에 귀의해 불교 연구에 몰두하였다. 그는 모든 종의 융합과 유·불·도 삼교 일치를 주장했으며, 수행으로는 구성염불口聲念佛을 주창하였다. 그는 『왕생전』을 편역하고, 서방 정토를 널리 선양하였다.

팽소승을 이어서 양문회楊文會(1837~1911)·강유위康有爲(1858~1927)·담사동譚嗣同(1865~1898)·양계초梁啓超(1873~1929)·구양경무歐陽竟無(1871~1943)·여징呂澂(1896~1989) 등 수많은 거사들이 불교학을 연구하거나 불교서적 및 경전을 출판하였다.

양문회는 전 생애를 불교 부흥에 바쳐 오직 불교를 연구하며 경전과 논서를 출판·보급시켰다. 1866년 양문회가 설립한 '금릉각경처金陵刻經處'에서 대부분의 불서가 간행되었고, 이 각경처는 불교 부흥의 중요한 계기가 되었다. 또한 재가자와 승려가 함께 공부하는 '기원정사' 학교를 설립했으며, 1910년 불교연구회를 설립하였다. 양문회는 '교는 현수賢首를 종宗으로 삼고, 행行은 미타에 있다'고 한 화엄학자요, 염불행자였다.

양문회 문하인 구양경무는 1918년 남경에 지나내학원支那內學院을 세웠는데, 이 내학원은 오로지 재가자들을 위한 교육장이었다. 이곳에서는 학과學科·사과事科의 두 과로 나누어 연구하고 교육하며, 한편으로는 장경을 간행·정리하였다. 이곳에서의 불교 연구(특히 유식)는 불교학자들에게 많은 영향을 끼쳤다. 스승 양문회가 경전을 수집하고 경전을 간행하였다면, 구양경무는 불교학을 연구하고 재가자를 교육하였다.

일반인들의 신앙도 불교·도교·민간신앙과 습합된 면이 있었다. 사찰에 삼국지의 관우 장군을 불교 신장님으로 모시고(특히 남방), 도교 사찰에서 관음보살을 모시기도 한다. 근대의 출가자나 불교신자들은 아미타불을 염하는 정토신앙이 보편적이다. 20세기 초에는 각 지방의 승려와 재가자로 구성된 염불결사念佛結社가 여러 곳에서 결성되기도 하였다.

허운이 재세하던 시절은 나라가 어려운 속에서도 화엄·율종·천태종·정토종 등 여러 종파에서 훌륭한 승려들이 배출되었고, 선종에서도 깨달은 선사들이 있었다. 선종의 승려들 대부분은 자신의 수행만 완성하는 것이 아니라 당시 어려운 사회사업을 통해 이타행을 보여주었다.

양문회(왼쪽)와 구양경무(가운데). 양문회가 설립한 금릉각경처 정문. 현재 강소성 남경에 위치한다. (오른쪽)

속가인연

허운의 아버지 소옥당蕭玉堂은 복건성福建省 천주泉州에서 북쪽으로 100㎞ 떨어진 영춘현의 관리였다. 불심이 돈독했던 양무제(502~549 재위)의 후손으로서 원 고향은 호남성湖南省 상향湘鄉이다.

40세가 넘은 소옥당에게 한 가지 근심은 대를 이을 자식이 없는 것이었다. 소 씨 부부는 인근 사찰에 가서 관음기도를 하였다. 기도 공덕인지, 안顔 씨에게 태기가 있어 1840년 7월 29일 아들을 낳았다. 그런데 아기는 벌건 살덩어리로 사람 형체가 아니었다. 이 모습을 보고 놀란 안 씨는 숨을 거두었고, 다음날 지나던 한 의원이 그 살덩어리를 가르고 꺼낸 아이가 바로 허운 스님이다. 허운은 양모 왕 씨에 의해 양육되었다.

충국忠國(허운의 아명)은 어릴 때부터 육식을 금했고, 친구들과 노는 것보다 오로지 책 읽는 일에만 몰두했다. 13세 무렵, 충국의 할머니가 돌아가셨다. 소옥당은 어머니 묘를 하고, 아내 안 씨 묘를 이장하고자 식구들을 데리고 호남성으로 향했다. 소옥당은 고향에 당도해 이장을 무사히 마치고 복건성으로 돌아갔고, 충국은 호남성 상향 숙부의 집에 남았다.

충국은 17세에 사촌동생 부국富國과 함께 호남성 남악형산 상봉사上封寺로 몰래 출가하였다. 숙부는 그런 조카(허운)를 감내하기가 어려워 복건성 천주 소옥당에게 보냈다.

아버지 소옥당은 충국이 불교에 심취해 있는 모습이 염려되어 도교 서적을 읽게 하고 도사를 만나게 했으나 충국은 도교에 관심을 갖지 못했다. 소옥당은 17세의 충국을 복건성의 전田 씨·담譚 씨와 혼인시켰다. 소옥당은 1년이 넘도록 두 며느리에게서 소식이 없자, 걱정되어 말했다.

허운이 처음 17세 때 출가하고자 했던 고향 인근에 위치한
호남성 남악형산 전경

"내가 칠순이 되어 간다. 이 가문의 혈통이 끊어져서는 안 된다. 충국이가 출가하려는 뜻이 있으니, 너희들이 잘 처신해 주기 바란다."

실은 충국은 매일 밤마다 두 부인에게 부처님의 진리를 설해 주며, 후에 함께 출가하자고 약속까지 받아 두었던 터이다. 충국은 아버지의 재촉에 더 이상 집에 머물 수 없다고 판단하고 부인들에게 말했다.

허운이 처음 출가하고자 했던 호남성 남악형산은 마조, 남악회양, 석두희천, 천태종 2세 남악혜사 등 걸출한 승려들이 수행했던 산이다.

"더 이상은 그대들과 함께 할 수 없을 것 같소. 나는 더 이상 집에 머물고 싶지 않아 오늘 밤 집을 나가 출가할 것입니다. 열심히 수행해서 용화회龍華會에서 만나도록 합시다."

두 부인은 아무 말도 하지 못하고, 눈물로 남편을 보냈다. 그날 밤 19세의 충국은 사촌동생 부국과 집을 나와 56일간을 걸어 복건성 고산鼓山 용천사湧泉寺에 도착했다.

충국이 집을 나간 이후 집에서는 소옥당과 양모 왕 씨로 인해 눈물바다가 되었고, 두 며느리는 시아버지께 혼이 났다.

충국은 부국과 함께 용천사에서 1년여간 고된 행자생활을 하였다. 1859년 수계를 받고 충국은 고암古巖, 부국은 고애古崖라는 법명을 받았다. 그런데 고암은 용천사에서 동생 고애 스님과 잠깐 지낸 이후, 평생 동안 한 번도 고애 스님를 만나지 못했다. 필자가 수여 곳 자료를 찾아도 고애 스님의 행적을 발견하지 못했다.

바로 이 무렵, 아버지 소옥당이 아들을 찾아왔다. 소옥당은 1년여간 아들을 찾아 전국 수백여 곳의 사찰을 찾아다니다, 용천사를 찾아온 것이다. 고암은 아버지가 찾아왔다는 소리를 듣고, 깊은 산속으로 피신해 들어가 고행을 시작했다. 고암은 인적이 드문 산속에서 참회와 기도를 시작했다. 이런 고행은 고암이 23세가 될 때까지 지속되었다.

아버지 소옥당은 병이 깊어 관직을 그만두고, 부인과 두 며느리를 데리고 고향 호남성으로 돌아갔다.

고암은 3년간 깊은 산속에서 고행을 마치고, 용천사로 돌아왔다. 고암이 용천사로 돌아와 소임을 사는 동안 고향에서 아버지 소옥당이 돌아가셨다는 숙부의 편지를 받았다. 편지 내용은 '잠시나마 집에 돌아와 부친 영전에 절하고, 양모와 두 부인을 위로해 주라'는 부탁이었다. 고암은 마음이 편치 않았지만, 집에 가 볼 생각도 않고 답장도 보내지 않았다.

양모 왕 씨는 혹시나 아들이 돌아오려나 싶어 주야로 마을 어귀에 나가 기다렸으나 아들은 그림자조차 비치지 않았다. 왕 씨는 1년여 정도 기다리다 지쳐 며느리들과 함께 호남성 상향 대비암으로 출가했다. 왕 씨와 며느리는 각혜사태覺慧師太를 의지해 계를 받고, 왕 씨는 묘정妙淨, 전 씨는 진결眞潔, 담 씨는 청절淸節이라는 법명을 받았다.

이렇게 출가한 세 여인은 참회를 하며 기도로 수행을 시작했다. 그런데 첫 부인 진결이 각혈을 하며 피를 토하기 시작하더니, 4년 후에 세상을 하직했다. 이 무렵 27세의 허운은 집안 소식은 전혀 모른 채, 수행을 더욱 다지기 위해 깊은 산속으로 다시 들어갔다. 이렇게 다시 고행을 몇 년 하였다.

43세의 허운은 보타산에서 오대산까지 3년간 3보1배 배행拜行을 하였는데, 그 목적은 태어나자마자 돌아가신 어머니와 자신의 출가로 인해 화병으로 세상을 떠난 아버지의 은혜를 갚기 위해서였다.

또한 58세의 허운은 절강성 영파 아육왕사에서 부모에 대한 은혜를 갚기 위해 부처님 사리에 하루 3000배를 하여 백만배를 채운 뒤, 소지공양을 하였다. 허운은 이때 처음으로 꿈에 모친을 만났다. 스님은 큰 병을 얻어 도저히 소지공양을 할 수 없는 상황이었는데도 일심으로 염불하여 자모의 극락왕생을 염한 것이다.

스님은 부모와 부인을 저버리고 출가하였지만 부모를 위해 기도하고 참회하며 그들의 극락왕생을 염원하면서 잠시도 속가 인연을 잊지 않았다.

허운은 여러 곳을 행각하는 중, 고향 호남성 부근을 몇 번이고 지나쳤지만 한 번도 고향으로 발길을 돌리지 않았고 가족의 안부조차 알려고 하지 않았다. 출가 이후 열반할 때까지 허운은 가족 누구와도 상봉하지 않았다.

스님께서 70여 세 계족산 축성사에 머물 때, 50여 년 만에 둘째 부인 청절 스님이 편지를 보내왔다. 모든 가산을 숙부에게 일임한 것, 세 여인의 출가, 진결 스님이 피를 토하며 죽어간 일, 동생 부국(고애 스님)의 무소식 등 그간의 사정이 담긴 내용이었다. 편지 속에는 최근 양모 묘정 스님이 열반하면서 자식(허운)에게 남긴 임종시가 들어 있었다. 스님은 청절 스님에게 끝내 답장도 연락도 하지 않았다. 허운은 과거 먼 어느 생에서부터 시작되었을 속가 인연의 애착을 저버리고 오로지 수행에만 전념하였다.

젊은 날의 구도

　20세의 허운이 수계 받은 지 얼마 되지 않아 아버지 소옥당이 용천사로 아들을 찾아오자, 허운은 사찰에 머물러서는 안 될 것으로 판단하고, 아버지를 피해 깊은 산속으로 들어갔다. 산속 동굴에서 참회와 수행을 병행하며, 아직 배우지 않았지만 참선을 시작했다. 산속에서 호랑이·늑대 등 산짐승을 만나기도 하였고, 먹을 것이 없어 굶주리며 추위에 떨기도 하였다. 속가에서 고생해 보지 않은 젊은 승려에게는 고되고 벅찬 일이었지만 구도하겠다는 일념 하나로 동굴생활을 할 수 있었다.

　고행한 지 3년이 지나 용천사 묘련 화상에게서 연락이 왔다. 아버지도 더 이상 찾아오지 않으니, 사찰로 내려와 소임을 살아 달라는 요청이었다. 허운은 용천사로 내려가 수두水頭에서부터 원두園頭·행당行堂·전좌典座 등등 여러 소임을 4년 정도 맡았다. 이렇게 소임을 살면서도 고월古月 선사에게 가르침을 받았으나 사무일이나 소임으로 인해 수행에 진전이 없었다. 허운은 다시 산으로 들어가 수행에 전념하기로 결심했다.

　27세의 허운은 가지고 있던 옷가지와 물품을 주위 사람들에게 모두 나누어 주고, 승복 한 벌, 신발 한 켤레, 도롱이 하나, 돗자리 하나만을 가지고 산속으로 들어가 동굴생활을 시작했다. 3년간 먹은 것은 솔잎과 풀뿌리, 산에서 흐르는 물이 전부였다. 옷은 점차 해지고, 수염은 길어서 한 척이나 되니 사람들이 보고 요괴인 줄 알고 도망갔을 정도였다.

몇 년간의 산속 고행에서 허운은 아무리 좋은 경치를 보아도 새롭거나 마음이 동요되지 않았고, 일심으로 경전을 독송할 수 있었으며, 호랑이·늑대·뱀·벌레의 침해를 받지 않았다. 발우 하나 없었고, 얽매임이 없는 자유로움이 있었으며, 체력도 점점 좋아졌고, 귀와 눈이 총명해 자신 스스로도 자각하지 못할 정도로 대범함이 생겼다.

31세 무렵, 허운이 절강성 온주溫州에 있는 깊은 산골에서 수행하고 있을 때, 한 스님이 찾아와 가르침을 구하고자 했으나 허운은 그에게 가르칠 것이 없었다. 오히려 그 스님은 허운에게 '천태산 용천암龍泉庵에 있는 융경融鏡 스님을 찾아가라'고 하였다.

허운이 융경을 찾아 인사를 하자, 융경은 허운을 쳐다보며 물었다.

"그대는 승려인가, 도사인가, 재가자인가?"

"저는 승려입니다."

"계는 받았는가?"

"구족계를 이미 받았습니다."

"누가 너를 그렇게 하도록 만들었는가?"

"옛 사람들이 모두 고행해서 도를 얻는 줄 알고, 저도 도를 얻고자 이렇게 고행하였습니다."

"너는 몸과 마음을 통제하는 법을 잘 모르고 있구나. 네가 행하고 있는 것은 외도에 가깝고, 정법이 아니다. 10년을 헛되게 공부했구나. 네 행색을 살펴보아라. 먹고 잠자지 않으며 형색이 청정하지 못한 것을 불교 수행이라고 할 수 없다. 우선 목욕부터 하고, 수염과 긴 머리를 자르거라. 그리고 승복을 입거라."

허운은 융경 스님 아래서 공부를 시작하면서 처음으로 화두를 받았다. 허운이 지나치게 몸을 핍박한 탓인지 융경은 허운에게 이런 화두를 주었다.

"누가 이 송장을 끌고 다니는가(拖死屍的是誰)?"

허운은 2년간 융경에게서 천태지관 수행법을 익혔고, 33세 때 융경의 지시에 따라 국청사에서 『법화경』 등 경전을 두루 공부하였다. 36세 무렵, 융경이 입적하면서 허운은 천태산을 나와 여러 곳을 행각하며 경전을 공부하였다. 고민사 민희敏曦 법사에게서 『법화경』과 논論을 배웠고, 설두산 악림사 보광 법사에게서 『아미타경』과 정토관련 논을, 절강성 영파 천동사 법담에게서 『능엄경』을, 강소성 진강 금산사에서 계율을 배우는 등 허운은 선지식을 찾아 여러 경론과 계율을 배웠다. 또한 청광淸光·대수大水·관심觀心·낭휘朗輝 등 여러 선지식을 찾아 참선을 배우고 점검 받으며, 제방에서 수행하였다.

43세 때 부모님의 극락왕생을 기원하며 보타산에서 오대산에 이르기까지 3년간 4000km 구간을 3보1배하였다. 이때 허운은 폭설과 홍수, 병으로 인해 무수한 죽음의 고비를 넘겼다.

50세 전후의 허운은 해외로 성지순례를 떠났다. 티베트 라싸 등지에서 라마를 친견하고 공부한 뒤, 히말라야산을 넘어 부탄을 거쳐 인도로 들어

허운이 부모님 은혜를 갚기 위해 소지공양을 하였던 아육왕사.
현재 이 절은 중국 4대 선방 가운데 하나이다.
아육왕사 사리단. 이곳에 부처님의 두골 사리가 모셔져 있다. (아래)

갔다. 인도 성지순례 후 스리랑카·미얀마 성지를 참배한 후 운남성으로 귀국하였다.

2년간 허운은 인도에서 스리랑카로 갈 때 배를 탄 것을 제외하고, 모두 걸어 다녔다. 허운은 비바람과 눈보라를 만나도 여정을 고통스럽게 여기지 않았으며, 오히려 옛날에 방종했던 잘못을 참회하였다. '순례가 길어질수록 체력은 더욱 강해졌으며, 걸음걸이도 가볍고 빨라졌다'고 훗날 회고하였다.

58세의 허운이 절강성 영파 아육왕사에서 부처님 사리에 예배하기로 했는데, 큰 병이 났다. 몸은 무겁고 병세는 점점 심각해져 갔다. 대중들은 희망이 없다고 생각하고 허운을 여의료如意寮로 옮겼다. 젊은 수좌가 약을 지어 대접하고, 의사를 불러 보게 하여도 허운의 병세는 전혀 차도가 없었다. 허운은 스스로 세상 인연이 다 되었다고 생각하고 죽음의 섭리를 받아들이기로 하니, 마음이 조급하였다. 며칠 후면 연지공양을 하는 날인데, 죽기 전에 어머니 은혜를 갚기 위해 연지공양을 할 수 없다는 것에 눈물 흘렸다.

아육왕사 주지 종량 스님이 허운의 마음을 알고, 소지공양에 참가시킨다는 약속을 하였다. 소지공양하는 날, 젊은 승려의 부축을 받고 일심으로 염불하였다. 소지를 하는 동안 모친의 왕생극락을 염하여, 처음에는 큰 고통을 느꼈으나 점점 마음이 안정되어 지각이 맑고 깨끗해져 법계장신아미타불法界藏身阿彌陀佛을 염했다. 당시 스님의 효심과 불심에 감복 받아 경탄하지 않는 이가 없었다.

스님께서는 젊은 시절, 오롯이 불도를 향한 구도심으로 수행에만 전념했다. 여러 경전을 배우고, 계율을 익혔으며, 기도정진하였다. 그뿐만 아니라 스님은 선지식을 찾아 선을 참구하고 부처님의 6년 고행처럼 10여 년을 넘게 고행하며 철저하게 계율을 지켰던 진정한 수행자였다.

불사에 헌신한 만년의 허운
용천사 · 남화사 · 대감사 · 대각사

복건성 용천사 전경

    허운 스님이 19세에 출가했던 복건성 고산鼓山 용천사涌泉寺[17]는 1920년대 군벌 할거로 인해 절이 완전히 타락하였다. 당시 양반 자제들이 군대에 끌려가지 않기 위해 도첩을 사서 용천사에 몇 백 명이 살고 있었다. 발심 출가자들이 아니다 보니 도량에서 옷을 벗고 다니고, 끼리끼리 모여 도박하며, 불공하는 아녀자를 희롱하는 등 더 이상 청정 도량이 아니었다.

---

[17] 용천사는 당나라 때 고승 설봉의존雪峰義存(821~908)의 법을 이은 고산신안鼓山神晏(853~939)이 창건한 절이다. 덕산선감德山宣鑑(782~865)으로부터 법을 받은 설봉 법맥에서 운문종과 법안종이 나왔다.[덕산 – 설봉 – 운문·현사 – 고산신안] 당시 복건성 민사왕이 고산에 용천선원涌泉禪院을 짓고 신안 선사를 이곳에 머물게 하였다. 예전이나 현재, 용천사는 복건성의 대표 사찰이다.

게다가 절에서 생산되는 곡식을 군벌에게 뺏기다 보니 음식으로 인해 대중들 사이에 불미스러운 일이 자주 발생했다. 이렇게 용천사가 위기에 처하자, 승려들의 권고와 복건성 관리들의 요청으로 인해 1928년 89세의 허운은 운남성 곤명 화정사華亭寺에서 용천사로 옮겨 갔다.

스님께서 제일 먼저 한 일은 청정 도량을 위해 승려들에게 계율의식을 고취시키는 일이었다. 이어서 불교학에 뛰어난 승려와 재가학자를 불러 강좌를 열었다. 또한 허운이 어느 사찰에서나 했던 일이지만 대장경을 모아 비치하였으며, 일본에서 가져온 대정장大正藏과 불교서적을 장경실에 함께 보관했다. 무엇보다도 용천사의 종맥宗脈을 정리하고, 절판된 경본들을 보수·간행하였다.

한편 스님은 사찰의 잉여 생산물이나 공양물을 정부에 보시하였고, 고산에 죽 배급소와 무료 의료실, 약국을 열어 중생들의 아픔을 어루만졌다. 스님이 용천사에 상주한 이래로 대중이 1000여 명에 이르렀는데, 군벌들의 곡식 수탈이 없어 그 많은 승려들이 살 수 있었다. 스님에 관해 최초로 『허운화상연보』를 만든 잠학려 거사가 당시를 회고하며 이렇게 말했다.

"당시에 나는 동북의 군벌인 장학량과 뜻이 맞지 않아 복건성을 떠나던 중 용천사를 방문하였다. 그곳에는 90세가 넘은 도인이 살고 있을 뿐만 아니라 경치도 아름답다는 얘기를 들었기 때문이다. 반신반의하며 용천사를 찾았는데, 놀라지 않을 수 없었다. 국민당과 공산당의 싸움, 게다가 일본 침략까지 이어지면서 사찰이 파괴되고 먹을 게 부족해 스님들마저 절을 떠나는 세상이었는데, 이곳은 완전히 달랐다. 전쟁의 포화 속에서도 생사에 초탈한 1500여 명의 스님들이 죽 한 그릇에 생사를 건 정진을 하고 있었다. 이런 일은 한 분의 노승으로부터 나온 것임을 직감하였다."

이 글을 쓰면서도 놀라운 것은 한 사람의 원력으로 지옥처럼 타락한 곳이 극락으로 바뀔 수 있다는 점이다. 일본의 하쿠인(白隱, 1685~1768) 선사는 '겉보리 서 말만 있으면 절대로 주지를 살지 말라'고 제자들에게 누누이 강조했다. 청정 승려로 유명한 하쿠인의 이 말에 속뜻이 담겨 있음을 누구나 알 것이다. 그런데 하쿠인의 염려가 허운에게도 해당될 수 있는 말인가! 중생을 향한 자비가 발원된 방편으로 주지 소임을 살아야지, 명예를 위해 소임을 살면 헛된 공명만이 떠돌게 될 것이요, 업만 무거워질 것이다.

허운이 용천사에 머문 지 6년쯤 되었을 때, 이상한 꿈을 꾸었다. 스님이 가부좌를 하고 앉아 있는데, 비몽사몽간에 육조 혜능六祖慧能(638~713)이 나타나 '때가 되었으니, 너는 지금 당장 돌아가야 한다'라고 하였다. 허운은 제자 관본에게 '내 속세 인연이 머지않은 것 같다. 혜능이 나를 데리고 가려 한다'라고 말했다.

광동성 남화선사 삼문식 패방(왼쪽) 산문(오른쪽)

남화선사에 모셔져 있는 육조 혜능 진신상(왼쪽)
육조 혜능이 육조단경을 설했던 광동성 소관 대감사(오른쪽)

  그런데 이 무렵, 광동성 주석 이한혼李漢魂 장군으로부터 전보를 하나 받았는데, '소관韶關 남화사南華寺가 무너지고 법맥이 끊어지게 되었으니, 스님께서 절을 중건해 달라'는 것이었다. 남화사는 혜능이 머물던 도량이요, 감산憨山[18]과 단전丹田[19] 선사의 육신상이 모셔진 곳이며 동아시아 선종의 근원지이다.[20]

---

18) 명나라 때 임제종계의 감산덕청憨山德淸(1546~1623)이다. 감산은 당시 허물어져 가는 남화사를 중건하였다.
19) 명나라 때 승려로서 생몰연대 미상.
20) 남화사는 위진남북조 시대(502년)에 창건되었다. 서역 고승 지략삼장智藥三藏이 처음으로 이곳에 주하면서 사찰을 건립토록 해 지었고, 황제가 '보림사寶林寺'라고 하사했다. 혜능이 677년에 조계로 와서 36년간이나 가르침을 폈고 제자들을 지도했던 도량이다. 송나라 태조가 남화선사라는 이름을 하사하여 지금까지 불리고 있다. 현재는 200여 명의 승려들이 상주하는 총림이다.

광동성 남화선사에 모셔져 있는 허운 선사 사리탑

허운은 선종 승려로서 책임감을 느끼고, 1935년 96세에 용천사에서 남화사로 옮겨 갔다. 도량에 들어서니, 혜능의 진신상은 파손되어 칠이 벗겨진 채 넘어져 있었고, 대웅전·장경실 등도 폐허로 허물어졌으며, 대나무와 해바라기 줄기로 겨우 지붕을 이은 띠집에 승려들이 머물고 있었다. 또 도량은 군인들이 가축을 기르고 있어 악취가 진동하였다.

스님께서 남화사 불사를 시작하면서 도량의 만물에 생기가 돌기 시작했다. 허운이 절에 머문 그해 12월 추운 날이었다. 도량 뒤편 복호정伏虎亭의 북쪽에 위치한 탁석천卓錫泉 남쪽 구룡천九龍泉 가 쪽에 잣나무 세 그루가 있었다. 송나라 때 심은 것으로 한 그루는 위쪽이 썩어 부러졌고, 두 그루도 가지가 나지 않는 등 시들했다. 그런데 남화사에서 계를 설하는 기간 동안 새싹이 돋고 생기가 돌아 나무가 번성하였다. 또 도량 내의 시들었던 자두나무 한 그루도 푸른 잎을 내면서 맛있는 자두가 주렁주렁 열렸다. 허운이 인근 농부들에게 자두 씨를 나눠 주어 남화 자두는 광동성 북쪽 특산물이 되었다.

스님은 선종사찰답게 청규淸規를 제정해 승려들의 기강을 세우고, 주변에 암자를 지어 노스님과 비구니들이 상주할 수 있도록 도량을 정비하였다. 스님께서는 어느 도량을 재건하든 간에 늘 하는 일이 있었다. 대웅전 불사를 마치면 장경루를 지어 경전을 비치하는 일이었다.

경장은 대부분 스님께서 해외 먼 곳에서 손수 가져왔다. 70~90여 세의 노승이 오롯이 불법을 위해 경장을 가져오는 노고를 대할 때마다 눈물이 나올 정도였다. 스님은 어지러운 세상에 경전을 보존하는 일이 불교를 발전시키는 일이라고 생각하였다. 허운은 선사지만 경전, 즉 교를 소중히 하셨던 분으로 진정한 불립문자不立文字를 보인 분이다.

남화사 불사 중 특이한 일은 절 앞에 흐르던 물길을 바꾼 일이다. 조계曹溪의 물길이 남화사로 향하지 않고, 서남쪽으로 우회하여 북강北江으로 흐르도록 만들었는데, 이 물길의 변화는 남화사를 보호할 뿐만 아니라 조계 일대의 농지와 마을이 침수되는 것을 막을 수 있었다.

스님은 남화사에 상주하면서 『육조단경』이 설해졌던 대감사大鑑寺21)를 중건하고, 이 대감사에서 방직공장을 운영해 가난한 주민들을 생산에 종

광동성 운문산 대각사 암자인 운문사. 현재는 150여 명의 비구니가 상주한다.

사하도록 하였다. 스님께서 남화사에 머물 때, 중국은 일본과 전쟁 중이었는데, 법회를 열어 나온 시주금을 모두 난민구제를 위해 정부에 보냈다.

하루는 스님께서 남화사 중건 불사금을 난민구제금으로 내놓기 위해 광동성 주석 이한혼 장군을 찾아갔는데, 장군은 '그 돈으로 운문산 대각사大覺寺를 중건할 생각은 없느냐?'고 스님께 물었다. 마침 스님도 폐허가 된 대각사를 염려하던 차였다. 대각사는 광동성 유원乳源에 위치하는데, 운문문언雲門文偃(864~949)이 창건한 절로 운문종의 근본도량이다.[22]

이런 인연으로 허운은 1943년 104세에 대각사 도량으로 옮겨갔다. 대각사는 법당과 벽은 갈라져 허물어져 있고, 도량의 풀은 세 척이나 우거져 있는데 황량한 도량에 한 스님이 머물고 있었다. 스님은 사찰을 중수할 모연문을 만들고, 승려와 중생들을 모았다. 손수 돌을 깨고, 벽돌과 기와를 구웠으며, 불상을 직접 조각하고, 논밭을 개간하였다. 대각사 불사는 남화사 부흥보다 열 배나 더 힘들었다. 1943년부터 1952년까지 대웅전·법당·누각·승방·창고·탑 등 수십여 곳을 중수하고 세웠다.

당시 중국이 혼란한 시기에도 이 어른은 남화사·대각사·대감사를 오가며 불사를 완성했고, 이런 중에도 승려 교육을 게을리하지 않았다. 허운

---

21) 대감사는 광동성 소관韶關 시내 중심가에 위치해 있다. 당나라 때, 자사刺史 위거韋璩와 몇 관료들이 혜능을 찾아와 가르침을 설해 줄 것을 요청해 혜능이 『육조단경』을 설했던 곳이다. 당시에는 대범사大梵寺라고 하였으나 후에 혜능의 시호인 '대감'을 사용해 대감사로 절 이름을 바꾸었다.
22) 대각사는 운문문언이 60세에 운문산에 광태선원光泰禪院을 창건하고 가르침을 편 곳인데 이로 인해 운문종이 천하에 드러나게 되었다. 운문사는 비구니스님이 150여 명 상주하는데, 바로 뒤편의 대각사가 본찰로서 비구스님이 300여 명 상주하는 총림이다.

이 운문종 12세로 전법傳法한 제자는 10여 인에 달한다. 허운은 제자들에게 늘 이렇게 경책하셨다.

"신도의 보시나 참배, 경참 등에서 들어오는 수입에 의존하지 마십시오. 황무지를 개간하고 노동을 해서 운문산의 대각농지를 활용해 자급자족에 힘써야 합니다. 그리고 남은 식량으로 난민을 구휼하도록 하세요. 앞으로 전란이 일어나 난민이 발생하면, 또 그들을 도와주어야 합니다. 또 방직공장을 운영해 주민들을 생산에 종사할 수 있도록 하십시오."

허운은 노동을 통한 수행을 강조하셨지만, 한편으로는 전쟁의 핍박으로 고난에 빠진 중생들을 구제코자 하는 스님의 간절한 염원이었다. 스님은 대각사에서 섣달 그믐날, 제자들에게 이런 말씀을 하셨다.

"여러분과 저는 숙세의 인연이 있어 오늘 이렇게 운문산에서 편안히 함께 보낼 수 있습니다. 이것은 부처님과 조사·보살님들의 가피요, 천룡의 보호이며, 여러분들이 오래전에 심은 공덕의 결과입니다. 그러나 우리는 한 해를 편안히 보내지만 괴로움을 받는 사람들을 잊어서는 안 됩니다. 각별히 성찰과 참회를 깊이 하고 수행을 계속해 자리이타를 꾀하며, 복덕과 지혜를 함께 구해야 합니다."

스님께서는 오롯이 젊은 시절에는 구도의 행각으로 살았다면, 만년의 삶은 당신을 위한 안위는 조금도 생각지 않는 타인을 위한 삶으로 일관하셨다.

---

23) 육용사는 광동성 광주廣州에 위치한다. 광주의 대표 사찰 가운데 하나로서 송나라 때 주조된 육조 혜능의 청동상과 화탑花塔이 유명하다.

허운은 광동성 광주廣州 육용사六榕寺23)·광효사光孝寺24) 등지에서 법을 설하고 천도재를 봉행하였다. 광주 육용사에서 항전으로 희생된 군인과 사람들을 위한 추도식(수륙재)을 거행하였다. 회향식이 7월 여름인데, 육용사 뜰 안에 있던 붉은색 복숭아나무가 하룻밤 사이에 나무 전체의 꽃망울이 터지더니 꽃을 피웠다. 원래 복숭아나무는 봄에 꽃을 피운다. 또한 화탑花塔25)이 한밤중에 찬란한 금빛을 발하여 하늘 높이 치솟았다. 당시 이 이야기는 광주일보에 실려, 광주시민의 발걸음이 끊이지 않았다고 한다.

---

24) 광효사는 광동성 광주廣州에 위치한다. 인도승 자담마야사와 구나발타라가 397~420년에 창건한 도량이며, 527년 초조 달마가 머물렀다. 당나라 때 법성사法性寺라고 하였는데, 혜능이 15년간 은둔생활을 한 뒤 산에서 내려와 강사인 인종印宗 법사에게 수계를 받은 곳이다. 또한 이곳은 혜능의 비풍비번非風非幡 화두의 발생지이다.

25) 양무제 때 건축되어 8각9층으로 높이가 270척, 17층이다. 탑 내부에는 수천 기의 불상이 모셔져 있다.

열반
진여사

운거산 진여사에서 열반하기 3개월 전 허운 선사. 이 사진이 허운 생전 마지막 사진이다.(왼쪽)
1959년 스님이 입적하던 해 제자들에게 '응무소주'를 직접 써 주면서 남긴 유훈遺訓(오른쪽)

　　허운이 불사를 가장 많이 하셨던 1920~40년 중반까지만 해도 국민당의 큰 저해는 없었다. 손문孫文·임삼林森·장개석蔣介石 등이 비록 기독교인이었지만, 허운이 이들과 인연이 되었을 때, 그들에게 불교의 참뜻을 전해 불교를 배척하지 않았다. 나라가 어려울 때마다 정부에서 불교계에 국가 안녕을 위해 천도재나 불공을 드려 달라고 부탁할 정도였다.
　　그러나 1949년 사회주의 공산당이 들어선 이래 종교탄압과 숙청이 시작되었다. 1951년 112세의 허운이 광동성 운문산 대각사에서 공산당에게 구

진여사 전경

타당한 사건(운문사변)이 해외에 알려지면서 마오쩌둥은 어쩔 수 없이 스님을 석방하였다. 그 대신 스님을 베이징으로 올라오게 하여 광제사에 감금시키고 감시했다. 이런 와중에 중국불교협회가 창립되었고, 그 첫 회장은 원영 圓瑛(1878~1953) 스님이, 부회장은 조박초趙朴初(1907~2000) 거사가 맡았다.

공산당은 1952년 10월 1일 천안문 광장에서의 국경절 경축행사에 허운을 참석시키는 등 중공을 위한 선전 도구로 스님을 이용하고 있었다. 또한 젊은 승려들에게는 강제로 공산주의 연구반에 들어가 마르크스·레닌주의와 마오쩌둥 사상을 배우도록 하였다. 허운은 도저히 이런 분위기 속에서 살 수 없다고 판단하고, 강서성 영수현永水縣 진여사에 조용히 머물겠다며 그곳에 가기를 요청했다.

운거산雲居山 진여사眞如寺는 불교사 이래 수많은 선사들과 문인들이 수행했던 도량이다.26) 현재도 농선병행의 청규정신을 그대로 지키고 있는 선

진여사 도량

방으로 알려져 있으며 승려들이 직접 일구는 차밭이 유명하다.

필자는 몇 년 전 추운 2월 말 폭설이 내릴 때 진여사를 찾아갔었다. 운거산에 들어갔다 눈이 너무 많이 내려 마을로 하산했다가 다음날 고생고생해서 찾아간 곳이다. 150여 명의 승려가 상주했는데 절구통 같은 고목을 연상케 하는 선승들의 모습이 아련히 떠오른다. 참 그리운 곳이다.

1954년 115세의 허운은 몇 제자들과 함께 진여사로 내려갔다. 그러나 진여사는 중일전쟁으로 인해 파괴되어 있었고, 스님들이 머물 요사채 하나 제대로 없었다. 스님은 공산당의 감시에도 불구하고 다음해에 대웅전 불사를 시작하고, 밭을 개간하였다.

26) 조동종의 운거도응雲居道膺(846~902)이 진여사에서 열반할 때까지 30여 년을 상주하였다. 당나라 때 창건되어 처음에는 '운거선원'으로 불리었다. 당·송나라 때 승려들이 가장 많이 살 때는 대중이 1500여 명에 이르렀다고 한다. 한편 이 절은 백거이·소동파·왕안석·황산곡 등 문인들의 발길이 잦았고, 그들의 시문도 몇 편 전한다.

운거산에는 대나무 밭이 무성한데, 허운은 대나무 광주리를 만들어 각각 제자들의 이름을 붙여 홍콩과 광동성 제자들에게 보내었다. 허운이 진여사에 머문 다음 해에 마구간이 불에 타 버렸다. 제자들은 새로 지은 깨끗한 방으로 스님이 옮겨 가기를 바랐으나 '풀·나무·대나무로 엮어 옛 모습 그대로인 마구간의 고아함이 나는 매우 좋다'고 하시며 그대로 머무셨다. 스님은 생전에 단 몇 벌의 승복이 전부였다고 하니, 스님의 소박함과 고절함이 그대로 드러난다.

1년 뒤 진여사로 허운을 찾아온 사람들이 1500여 명에 이르러 허운은 이들에게 계를 주어 불문에 귀의토록 했으며, 자비와 인욕으로 끝까지 맞서야 한다며 '아미타불' 염불운동을 적극적으로 펼쳤다. 또한 스님께서는 이곳에 선종 5가 중 종맥이 끊겼던 위앙종을 되살려 진여사를 위앙종 종풍宗風 본찰로 만들었다.

허운 선사가 머물렀던 곳

허운 선사가 머물렀던 진여사 모봉(당우)

1956년 봄, 117세의 허운은 대전·천왕전·허회루虛懷樓 각 전당과 방사를 차례로 낙성하였다. 절 앞에는 명월호明月湖가 있는데, 일출 때면 대웅전을 비추었다. 명월호 북쪽에 삼도문三道門을 세웠는데, 들어가면 차례로 천왕전·대웅전·법당·장경루이다.

다음해 이어서 보은당報恩堂·객당客堂·운주雲廚·재당齋堂·연수당延壽堂·조당祖堂·여의료如意療·서귀당西歸堂·왕생당往生堂·공덕당功德堂·상객당上客堂·유나료維那療·선방·감치료監置療·방장실 등 차례차례로 불사를 마쳤다.[27] 이렇게 대외적으로 어려운 시기인데도 불사를 할 수 있었던 것은 홍콩과 해외 화교들의 도움이 있었기 때문이었다.

또한 허운과 대중은 직접 땅을 개간하여 곡식이나 잡곡·죽기竹器·찻잎·은행·말린 죽순 등 많은 것을 수확해 100여 명의 대중이 살 수 있었다. 이 일이 발단

허운은 생전 보은당을 불사했었다. 현재의 보은당은 재가자들의
영가 위패를 모셔 놓은 곳으로 재중수하였다. (위)

허운은 생전 서귀당을 불사했었다. 현재의 서귀당은 재중수한 것으로
승려들의 위패를 모셔 놓은 곳이다. (아래)

---

27) 필자가 몇 년 전 진여사를 순례했을 당시의 도량은 허운이 불사한 그대로 보존되어 있었고 도량 주위만 중수하였다.

이 되어 진여사는 전 대중의 울력과 수행을 겸한 농선병행의 대표적인 도량으로 알려져 있다.

진여사에 점차 사부대중이 늘어나고 불사가 이루어지자, 공산당 병사들이 수시로 절을 찾아왔다. 어느 날 병사들이 사찰로 들어와 대중들을 모이게 하고 스님에게 자아비판을 하라고 하였다. 노승이 아무 말도 하지 않고 잠시 침묵하다가 말씀하셨다.

"불교를 전파하고 부처님의 자비를 제대로 실행하지 못해 부끄럽다. 중생의 고통을 미처 살펴보지 못한 채 늙은 것이 부끄럽고, 지금 화남華南 지역에 큰 수해가 발생해 모두들 기근에 시달리는데 내가 쇠약하여 도우러 가지 못함이 죄스럽다."

허운은 한숨 지으며 눈물을 흘렸다. 1959년 병세가 악화되어 누워서도 제자들에게 불사 걱정을 하였다.

"해회탑은 다 건립되었는가? 지장보살상은 완성되었는가?"

"아직도 아미타불 염불 운동을 계속하고 있는가? 우리는 불법으로 서로 인연이 되었네. 내가 죽은 뒤, 자네들이 이곳에 살 수 없을지도 모르니, 해외로 나가 불법을 펼 수 있으면 그렇게 하도록 하게. 내가 죽은 후에 가사를 입혀서 하루가 지난 후에 감실에 넣어 주게. 이렇게 하고 난 뒤, 진여사 서쪽에 가마니를 펴고 화장해 주게. 마지막으로 내 유골을 가루로 만들어 기름·설탕·밀가루와 섞어 환으로 만들어 강에 던져 물고기 밥이 되도록 해 주게나."

병석에 든 지 얼마 지나지 않은 10월 13일, 제자들에게 마지막 유언을 남기고 오른쪽 옆구리를 바닥에 대고 입적하였다.

"계·정·혜를 부지런히 닦고, 탐·진·치를 소멸하라.
법을 구하기 위해 신명을 바치고,
서로 서로를 존중하라.
도량을 보존하고 사원의 청규를 지켜나가는 데는
오직 한 글자, 바로 계戒이다."

허운의 법체를 화장하자, 백색 연기가 끊임없이 위로 솟아올랐다. 사리를 습득하니, 오색영롱한 큰 사리가 100여 과, 작은 사리는 헤아릴 수 없이 많이 나왔다. 사리는 스님께서 상주하셨던 여러 도량에 나뉘어 모셔졌다. 즉 스님의 사리탑이 세워진 곳은 광동성 운문산 대각사, 광동성 소관 남화사, 복건성 고산 용천사, 운남성 곤명 화정사, 운남성 계족산 축성사 등 다섯 곳이다.

002
허운의 아름다운 인연

불상 점안식 행사가 끝난 직후 잠학려 거사는 스님에게 간곡히 청했다.
"스님, 대륙이 큰 혼란에 빠져 있습니다. 지금 돌아가시면 생명이 위험합니다. 제발 홍콩에 머물면서 불법을 널리 전해 주십시오."
"나 개인적으로는 머무르고 떠나는 것에 아무런 미련이 없습니다. 도를 배우는 사람에게는 어디든 고향이요, 짐을 풀면 그곳이 도량입니다. 그러나 곳곳에서 전해 오는 소식을 들으니 대륙의 사찰들은 모두 파괴될 위기에 처해 있고, 수많은 승려와 불교도들은 불안에 떨고 있다 합니다. 나만의 안전을 위해 홍콩에 머물 수 없습니다. 그들이 있는 이상 나는 대륙으로 돌아가 그들을 보호해 주고 기원해 주어야 합니다. 죽더라도 나는 대륙의 제자들과 함께 할 것입니다."
허운은 당신과 함께 온 시자까지 홍콩에 두고, 홀로 기차를 탔다. 거사가 이 모습을 본 것이 스님과의 마지막이었다.

도반 같은 제자들
계진 · 구행 · 관본

운거산 진여사에서 1956년 법을 받은 제자들과 함께

허운의 제자는 100여 명에 이른다. 몇 년간 스님을 시봉한 제자도 있고, 법맥을 이어받은 제자도 있으며, 구족계를 받은 제자, 불학원에서 스님께 공부한 제자, 재가자 등 다양한 형태의 인연이 있다. 여기서 소개하는 계진 · 구행 · 관본은 스님 곁에서 십여 년에서 몇 십년을 함께한 제자들로서 곧 도반 같은 이들이다.

계진 戒塵(1878~1948)

계진은 호북성湖北省 한천漢川 출생으로 19세에 출가하였다. 출가 이래로 두타행을 하며 수행에 전념했다. 24세의 계진이 종남산 토굴에서 수행하고 있을 때, 62세의 허운도 덕청德淸에서 허운虛雲으로 개명하고 서안 종남산 사자암에서 수행하였다. 허운은 당시 사람들에게 깨달은 도승으로 알려져 더 이상 종남산에 머물 수 없다고 생각하고 종남산을 몰래 떠나는데, 계진이 허운을 따라나섰다. 계진과 허운은 이렇게 인연이 되었다.

계진은 허운이 운남성 계족산에 처음 암자를 지으려고 할 때나 계족산 사람들로부터 고난을 당할 때도 함께 하였다. 또한 허운과 계진이 길을 나섰다가 배를 타야 하는데, 배를 타려는 순간 배가 앞으로 밀려 나가 스님이 물에 빠질 때도 계진은 스승이 안타까워 눈물을 흘리는 등 몇 년간 힘든 여정을 스승 허운과 함께 보냈다.

계족산 축성사 불사를 시작하기 전, 계진은 폐관(무문관) 수행을 하고 있었는데, 불사를 도와 달라는 스승의 권고에 축성사 불사를 함께 도왔다. 허운이 다른 곳에 법문을 하러 가거나 불사금을 구하러 가면, 계진은 축성사를 지켰다.

1913년 36세의 계진은 축성사를 떠나 항주杭州 화엄대학에 들어가 『화엄경』을 공부해 마치고, 평생 아미타불을 염하며 정토를 수행하였다.

1948년 71세의 계진은 곤명 공죽사笻竹寺에서 입적하였다. 입적하기 전날, 시자가 저녁에 죽을 들고 들어갔더니, 계진이 말했다.

"내가 수십여 년간 계율을 지켜 오후불식했는데, 어찌 노년에 계를 범하겠는가."

계진은 죽을 먹지 않았고, 잠시 후 열반에 들었다. 또 허운에게는 '제대로 스님의 뜻에 따르지 못해 용서해 달라'는 말을 전했다.

입적하고, 스님의 모습은 살아생전의 모습과 같았다고 한다. 스님을 화장하고, 100여 과의 사리를 수습해 해회탑에 모셨다. 계진은 허운이 계족산 축성사를 불사하고 중생제도를 하기 이전부터 만난 제자였고, 허운이 가장 어려운 시기에 함께 했던 제자이자 도반이었다.

저술과 그림에 『화엄7처9회도華嚴七處九會圖』, 『연사명훈蓮社明訓』, 『정종요어淨宗要語』 등이 있다.

구행具行(~1924)

1907년 스님께서 계족산 축성사 불사를 시작한 지 얼마 되지 않을 때이다. 축성사에 구행이라는 승려가 있었다. 구행은 어려서 고아로 자랐고, 계족산 아래 마을에서 머슴 일을 하다가 20대 초반, 축성사로 허운을 찾아왔다. 구행은 절에서 허드렛일을 하며 살겠다고 하여 그를 식구로 받아들였다. 1년쯤 지나 마을에 살던 부인과 조카, 자식 8명이 찾아왔다. 이 가족들은 지주의 횡포로 집을 잃어 어쩔 수 없이 구행을 찾아온 것이다. 대중 스님들은 아녀자를 절에 머물게 할 수 없다며 거절했으나 허운은 그들이 머물 수 있도록 배려했다. 구행은 가족과 함께 절에 머물러도 가족을 만나지 않았으며, 묵묵히 일만 하였다.

어느 날 구행이 허운에게 염불을 가르쳐 달라고 하여 허운은 그에게 오로지 아미타불과 관음보살을 염하라고 하였다. 구행은 노동을 하며 지극 정성으로 염불했다. 이 무렵, 허운이 축성사에 대장경을 모시면서 수계식을 함께 거행했는데 구행이 출가하기를 원해 삭발을 해 주었고, 이때 가족 모두가 출가하였다. 허운은 그에게 구행具行이라는 법명을 지어 주었다. 구행은 일자무식이었지만 염불 공덕으로 인해 글을 깨치게 되었고, 『조만과송朝晚課誦』과 「관세음보살보문품」 등을 열심히 공부하여 몇 년 만에 전부 외웠다.

종일 밭에서 일을 하면서도 염불을 게을리하지 않았고, 밤에는 부처님과 경전 앞에 예배하고, 잠을 줄여 가며 수행하였다. 대중에 머물면서도 누군가 그를 좋아하든 싫어하든 외부 경계에 마음이 흔들리지 않았다. 늘 남을 위하여 옷을 기워 주었으며, 바늘 한 땀마다 '나무관세음보살'을 염하여 한 바늘도 헛되이 지나지 않았다.

그는 점점 귀가 먹으면서 오로지 일에만 몰두했다. 승려가 된 지 5년 되던 무렵, 허운은 그에게 4대 불교 도량에 참배도 하고, 명산과 도량을 다녀오라고 하였다. 구행은 처음에는 떠나지 않으려 했으나 스승의 권고가 있어 행각을 떠났다. 그 후 5년쯤 지나 1920년 허운이 화정사에 머물고 있었는데, 구행이 그곳으로 찾아왔다. 구행은 다시 화정사에서도 이전에 축성사에서 하던 것처럼 잡일을 하며 염불에 열중했다.

어떤 어려운 일도 앞장서서 자신이 하였는데, 몸을 사리지 않는 그의 보살 정신에 대중이 모두 좋아했다. 예전처럼 낮에는 일을 하고, 밤에는 『금강경』·『약사경』·『정토경』을 외우며 경전 글귀에 경의를 표했다. 허운은 대중에게 구행에 대해 이렇게 말했다.

"비록 아미타불 한마디만 외울지라도 열심히 정진하면, 도를 이루는 데 충분하다. 만약 자신의 총명함만 믿고 마음속의 염불이 한결같지 않다면 만 권의 경전을 외울지라도 무슨 소용이 있겠는가! 구행이 저렇게 빨리 깨달을 줄은 꿈에도 생각지 못했네."

그러던 어느 날, 구행은 허운에게 좌화坐化하겠다는 뜻을 비쳤다. 구행은 목숨을 마치려 할 때쯤 의복과 세간의 몇 가지를 돈으로 바꾸어 대중공양하였다.

4월에 때때로 유채油菜 씨를 거두기도 했는데, 그는 짚 몇 단을 가지고 화정사 말사인 승인사 공양간 뒤편에서 스스로 불을 붙여 화거化去하였다. 곧 사람들에게 발견되었지만 그는 이미 왕생해 버린 뒤였다. 구행은 가부좌한 채로 움직이지 않고 미소를 머금고 있었으며, 가사를 걸치고, 왼손에는 경쇠를, 오른손에는 목어를 잡고 있었다. 스님이 가서 살펴보니, 구행의 손에 있는 목어는 손잡이가 재로 변해 있었고, 경쇠의 손잡이도 불에 탔으나 구행의 몸과 가사만은 그대로 있었다.

허운은 제자의 모습에 무릎을 꿇어 합장하고 예배하였다. 허운이 절을 마치자 구행의 시신에서 향기가 뿜어 나와 마치 난향과 같았다고 전한다. 다음날 구행의 법력을 보기 위해 많은 사람들이 몰려들었고, 구행의 소신 공양 이야기는 곤명일보에 기사화되었다.

관본觀本(1870~1948)

관본은 광동성 중산中山 출신이다. 법명은 명일明一, 자字가 관본이다. 관본은 유학자 출신 집안에서 자라 어려서 유학을 공부했다. 19세기 말엽, 젊은 시절에 사람들에게 국가의 유신維新을 외치며, 새로운 문명을 받아들여야 한다고 한 선구자였다. 중년의 나이에 일본으로 건너가 불전을 깊이 연구하였다.

1932년 모친이 세상을 하직하자, 자신이 하고 있던 일을 그만두고 집안의 가산을 모두 정리해 사찰에 보시한 뒤, 62세에 고산 용천사 허운에게 출가하였다. 관본은 출가하고도 세속에서의 습이 남아 있음을 자각하고, 어느 날 허운에게 물었다.

"스님. 공부가 제대로 되지 않고, 절에 들어오기 전에 살았던 습이나 사람에 대한 정을 뗄 수가 없습니다. 어떻게 하면 다 버리고 여읠 수 있는지, 알려 주십시오."

"평소에 다른 사람에게는 모든 것을 버리라고 하는데, 자네에게는 짊어지라고 하고 싶네. 자네는 어머니가 돌아가시자마자 명예와 재산, 가족을 다 버리고 출가했는데, 또 무엇을 버리려고 합니까? 다시 중생을 위해 새로운 짐을 짊어지고, 부처님의 큰 뜻을 맡아 불교를 부흥시켜야 합니다."

관본은 복건성 용천사에서 허운을 보좌하며, 대장경을 비치하고 보존하는 일을 맡았다. 또한 용천사 조사祖師들의 전기나 행적을 첨가하고 보완하여 『조사집』을 완성하였다.

허운이 남화사로 옮겨갈 때도 관본은 스승을 따라갔다. 관본은 허운이 남화사와 대각사를 오가며 불사할 때, 늘 옆에 따르며 보좌하였고 허운과 함께 전쟁으로 인한 난민 구제에도 헌신적으로 도왔다. 관본은 16년간 스승을 그림자처럼 따라다니다 79세를 일기로 입적하였다. 가장 믿고 의지했던 제자의 입적으로 인해 허운은 불사에 지장이 많았다고 훗날 회고할 만큼 관본의 죽음을 오랫동안 슬퍼하셨다. 저술에 『향광각집香光閣集』 20권이 있다.

잠학려 거사와의
인연

당시 정치인이나 혁명가들은 불교를 배척하며, 비과학적인 것으로 척결해야 할 첫째 요인으로 보았다. 신해혁명을 이끌었던 잠학려岑學呂(1882~1963) 거사도 불교를 미신이라고 여기고 있었다. 잠학려는 1906년 홍콩에서 동맹회同盟會에 가입하여 혁명 활동에 참가하면서부터 정치노선에 있었던 인물이다.

1933년 잠학려는 동북의 군벌인 장학량과 뜻이 맞지 않아 떠나던 중 우연히 복건성 고산 용천사를 방문하게 되었다. 90세가 넘는 대도인이 살고 있다는 말을 듣고, 반신반의하며 찾아갔던 것이다. 그런데 당시 사회적으로 어려운 시기였음에도 불구하고 용천사는 평화로운 시대의 도량으로 손색이 없었다. 잠학려는 마침 갈 곳이 없던 터였기에 잠시 용천사에 머물렀다.

거사가 절에 머문 지 얼마 지나지 않아 수계식이 있었다. 행사 때 허운이 계단戒壇에 오르자, 대웅전 앞 늙은 매화 가지에서 갑자기 사발만 한 꽃 수십 송이가 피고, 산에서 호랑이가 내려와 계단에 온순하게 엎드리는 것을 목격한 후, 거사는 고승의 법력과 덕을 믿지 않을 수 없었다. 또한 거사가 스님에게 감동 받았던 것은 철저한 계율 정신과 지혜로움, 90세가 넘은 노구에도 늘 대중과 함께 생활하며 어떤 생명이건 자비심으로 대하는 모습이었다.

거사는 허운으로부터 계를 받고 관현寬賢이라는 법명을 얻은 뒤 경전을 독송하고, 스승의 지도로 참선하였다. 이러던 차 거사는 정치적인 여건상 더 이상 머물 수 없었다. 공산당은 점차 세력을 키워 갔고, 일본은 만주국을 세워 중국 본토를 침략하기 시작했다.

거사는 3년 동안 머물던 용천사를 떠나 정부 일에 참여하며 언론 분야를 담당했고, 광동성 임시주석을 맡기도 하였다. 1941년 태평양전쟁이 발발하고 중국은 전란에 휩싸였다. 거사는 관직에서 물러나 의병대를 조직해 일본에 투항하다가 일본군으로부터 쫓기는 신세가 되었다.

100여 세의 허운이 남화사를 중수하며 도량을 정비하고 있을 때 거사는 허운을 찾아왔다. 수여 달을 허운 곁에 머물며 일을 도와주었다. 얼마 후 거사가 '호남湖南에 중요한 약속이 있어 가야 한다'라고 하자, 허운은 거사에게 다른 곳에 가지 말고 이곳에 숨어 있으라고 하며 말했다.

"그대가 수십 년간 돌아다니면서 무엇을 얻었습니까? 도대체 그 무엇을 얻은 것입니까?"

노승의 간절한 염려에도 불구하고 거사는 남화사를 떠났다. 1949년 중국 본토에 공산정권이 들어서자, 거사는 홍콩으로 건너갔다.

거사와 몇 승려들은 허운을 공산정권의 손길이 미치지 않는 홍콩으로 모시고자 온갖 노력을 기울였으나 스님은 그때마저 완곡히 거절하였다. 할 수 없이 도륜 스님과 거사는 허운을 홍콩으로 오게 한 뒤 스승을 붙들려는 꾀를 내었다. 즉 허운이 법문요청을 하면 절대 거절하지 않음을 떠올리고, 허운에게 전보를 쳤다. '홍콩 반야정사에서 법당 점안식 법문을 해 달라'는 내용이었다.

1949년 스님은 110세의 노구를 이끌고 홍콩으로 갔다. 이때 허운을 보기 위해 기차역은 수만 명의 홍콩 사람들로 발 디딜 틈조차 없었다. 수만인이 "허~운"을 열렬히 외쳤던 것이다.

법회가 끝나고 불사금도 천문학적인 거액이 모아졌다. 허운은 거사에게 이 현금을 사찰 불사와 빈민을 위해 써 줄 것을 당부하였다. 행사가 끝난 후 거사는 스님에게 간곡히 청했다.

"스님, 대륙이 큰 혼란에 빠져 있습니다. 지금 돌아가시면 생명이 위험합니다. 제발 홍콩에 머물면서 불법을 널리 전해 주십시오."

"나 개인적으로는 머무르고 떠나는 것에 아무런 미련이 없습니다. 도를 배우는 사람에게는 어디든 고향이요, 짐을 풀면 그곳이 도량입니다. 그러나 곳곳에서 전해 오는 소식을 들으니 대륙의 사찰들은 모두 파괴될 위기에 처해 있고, 수많은 승려와 불교도들은 불안에 떨고 있다 합니다. 나만의 안전을 위해 홍콩에 머물 수 없습니다. 그들이 있는 이상 나는 대륙으로 돌아가 그들을 보호해 주고 기원해 주어야 합니다. 죽더라도 나는 대륙의 제자들과 함께 할 것입니다. 해외포교는 이곳에 있는 그대들이 하십시오."

허운은 당신과 함께 온 시자까지 홍콩에 두고, 홀로 기차를 탔다. 거사가 이 모습을 본 것이 스님과의 마지막이었다.

거사의 예상대로 대륙에서는 종교 탄압이 시작되었다. 젊은 승려들은 강제로 환속당하거나 한국전쟁의 총알받이로 내쳐졌고, 나이 든 승려는 공사장으로 끌려갔다. 사찰은 파괴되고 소임을 맡았던 스님들은 혹독한 자아비판을 받고, 출가자들은 학살되었다. 1951년 봄, 운문사에서 스님이 공산당에게 구타당해 졸도했다는 소식(운문사변)이 알려져 국내외에서는 허운 구명 운동이 펼쳐졌다. 로마교황 등 세계 각국의 종교지도자들과 태국 국왕, 베트남 총리, 인도 네루 수상도 허운의 석방을 요청하기에 이르자, 마오쩌둥은 어쩔 수 없이 허운을 석방하였다.

잠학려가 허운의 제자 승진勝進으로부터 두툼한 편지를 받은 것이 바로 이 무렵이다. 편지는 스승이 간신히 몸을 회복하였으며, 여러 제자들이 허운의 생애에 대해 설해 줄 것을 요청했다는 것, 이에 허운이 자술한 기록과 법어, 시 등을 비밀리에 보낸다는 내용이었다.

스승의 고난에 거사는 눈물을 뚝뚝 흘리며 자신이 마지막 해야 할 일이 허운에 관한 기록을 남기는 것으로 생각하고, 허운에 관한 자료를 검토하고 수정해서 『허운화상연보虛雲和尙年譜』를 펴냈다. 이를 계기로 허운이 더욱 유명해지자, 공산정권은 이를 이용해 중국불교협회 초대회장으로 임명하고 국경절 행사에 참석시키는 등 허운을 정치적인 포장으로 내세웠다. 그러나 허운은 이를 거절하고 오히려 마오쩌둥에게 종교탄압을 중단할 것을 강력히 요청했다.

거사는 또 몇 년 동안 허운에 관한 자료를 수집하고, 연보를 보완해 개정판을 출간했다. 그러다가 허운이 열반한 지 4년 뒤인 1963년 82세로 세상을 하직하였다.

허운이 120세 7월 29일 생신 날이 되었을 때, 옛날의 조주 스님과 같은 연세가 되었다고 축하 편지가 많이 왔는데, 잠학려 거사의 편지도 있었다. 다음은 허운이 잠학려 거사에게 보낸 답장이다.

"제가 죽고 살지는 알 수 없으나(병을) 떨치고 일어나기는 아직 요원합니다. '더 오래 살아 달라'는 축원을 보내 준 거사님 후의에 그저 부끄럽고 감사할 따름입니다. 과거 숙업에 이끌려 한 세상을 물결치듯 흘러왔습니다. 바람 앞의 등불처럼 쇠잔하기 그지없는데 오히려 마무리 지어야 할 일은 많기만 합니다.

매번 문득문득 떠올릴 때마다 헛된 이름만 낸 것은 아닌지 부끄럽습니다. 지나온 한평생도 어찌 보면 꿈이고 허깨비일 따름입니다. 태어난다는 것은 죽음의 시작이니 지혜로운 사람은 빨리 정신을 차려서 머리에 붙은 불을 끄듯 일심으로 공부해야 합니다. 어느 여가에 세속 사람들 하는 흉내를 내겠습니까. 어머님께서 날 낳으신 날의 고통조차 애달피 여길 겨를조차 없으니 절대 일을 벌이지 마십시오. 이는 큰 죄업을 쌓는 일로서 부질없이 손해만 있을 뿐 조금의 이익도 없기 때문입니다."

허운과 관련된 수십여 종의 책이 중국에서 출판되고 있다. 이렇게 허운에 관한 수많은 책들은 잠학려 거사가 최초로 쓴 허운연보를 기초로 한다. 한국에는 허운 선사의 법문집 2권이 출간되어 있다.

당대의 선승들
경안 · 태허 · 응자 · 래과 · 원영

풍랑을 거듭한 중국의 역사 속에서도 선종에서는 조동종과 임제종 법맥이 이어지고 있었다. 당시 선사로서는 경안·태허·응자·래과 등 훌륭한 선사가 많았다. 이들은 개인의 수행을 완성한 뒤, 사회의 어두운 일면과 중생들의 아픔을 저버리지 않았고 사회사업까지 겸하였다. 허운은 생전에 불교 발전을 위해서나 불사를 위해 당시 승려들과 만나는 일이 많았다. 지면상 다 소개할 수는 없고, 몇 선사들을 소개하고자 한다.

경안 敬安(1851~1912)

1897년 58세의 허운이 영파 아육왕사에서 매일 3000배를 하고 소지공양할 것이라는 소문을 듣고, 당시 천동사에 머물던 경안이 허운을 찾아와 두 분이 상봉하였던 일이 있다. 또 허운 생전에 두 분은 몇 차례의 만남이 있었다.

경안은 호남성 상담현湘潭縣 출신으로 17세에 상양현湘陽縣 법화사 동림선사에게 출가하였다. 자字가 기선寄禪이며, 시문학의 대가로도 널리 알려져 있다. 경안은 아육왕사 부처님 사리탑에 참배하고 소지공양하여 손가락이 8개라고 하여 팔지두타八指頭陀라고 불린다. 악록산의 입운笠雲에게서 선을 배우고, 나한사 등 여러 곳에서 수행하다가 절강성 천동사에 오랫동안 머물다 열반하셨다.

19세기 말에서 20세기 초에 걸쳐 불교계를 크게 자극한 문제가 발생했는데, 묘산흥학廟産興學운동이다. 교육 강화라는 명목으로 사찰과 사찰재산을 몰수해 교육 사업에 활용하자는 것이다. 묘산흥학은 신해혁명(1911년) 이전부터 꾸준히 제기되어 왔지만, 정부에서는 신해혁명 이후 불교사찰에 대해 적극적으로 개입하였다. 이를 계기로 불교계에서는 승려들이 단합하기 시작했다. 그 주도적인 역할을 하셨던 분이 경안이다.

1912년 그는 최초로 중국불교총회를 조직해 정부에 사찰재산보호를 청원하였으나 지방 관리나 권력자들은 신식교육을 주장하고 불교·도교를 미신이라고 하며, 오히려 더 불교계를 공격하였다.

경안은 허운 등 몇 승려들과 함께 베이징으로 올라가 원세개袁世凱를 만나 담판 짓고자 했으나 승려들을 만나주지 않고, 오히려 탄압하였다. 이에 경안은 불교의 권익과 보호를 위해 베이징 법원사에서 소신燒身공양하였다. 경안 입적 후 사찰재산보호 운동은 결실을 이루어 사찰재산보호령이 반포되었다. 저서에 『팔지두타시집八指頭陀詩集』 10권이 있다.

태허 선사(왼쪽), 태허 선사가 발간한 1920년도 해조음 표지(오른쪽)

태허太虛(1889~1947)

태허는 경안의 제자로서 평생 동안 불교 개혁과 계몽에 앞장섰던 선각자요, 근대 불교를 현대화의 반석 위에 올려 놓은 선지식이다. 허운은 1930년대 고산 용천사에 머물 당시, 태허를 모셔다 법문을 하게 하였고, 1943년 사천성 성도에서 경전 강연이 있을 때, 55세의 태허와 함께 설법하는 등 허운과 태허는 법석에서의 몇 차례 만남이 있었다.

태허는 절강성 숭덕현崇德縣 출신으로 16세에 강소성 소주의 소구화사에 출가하고, 천동사 경안에게서 구족계를 받았다. 스님은 경안이 불교운동을 하다가 입적한 모습을 보고, 무력한 불교계를 탄식하며 스승이 미처 다하지 못한 불교를 부흥시키겠다는 맹세를 하였다. 이런 점은 제자 인순印順(1906~2005)의 스승 태허에 대한 기록을 통해서 알 수 있다.

"태허 스님께서는 담사동譚嗣同의 『인학仁學』[28]을 읽고 너무 아껴 손에서 내려놓지 않았다."

1913년 태허는 상해 정안사에서 불교의 3대 혁명[29]을 외치며 새로운 불교혁명을 주장하였다. 그러나 당시 보수적인 승려들에 의해 혁명운동은 실패로 돌아가고, 태허는 마음고생만 하게 되어 결국 보타산으로 들어가 무문관 수행을 하였다.

3년 후, 상해에서 각사覺社를 설립하며 본격적인 불교개혁운동을 시작하였다. 불학으로 현실을 개혁하고, 현실을 구하겠다는 서원을 세웠다. 태허는 인생불학人生佛學·실증불학實證佛學·과학불학·세계불학·인간불교·인간정토 이념에 바탕을 두고 불교혁신운동에 앞장섰다.

각사에서 불교 수행을 연구하고, 잡지를 간행했다. 『각사총서覺社叢書』를 창간하여 『정리승가제도론整理僧家制度論』을 발표하였다. 태허는 『각사총서』를 『해조음海潮音』으로 바꿔 창간하고 매월 발행했는데, 이 잡지는 지금도 대만에서 계속 발행되고 있다.

태허는 승려 교육을 위해 1922년 무창불학원武昌佛學院을 설립하였다. 불학원에서는 종파를 초월해 승려들을 교육했는데, 근대불교를 이끈 승려들이 대부분 이곳 출신이다.

또한 1925년 복건성에 민남불학원을, 1932년 사천성에 한장교리원漢藏敎

---

28) 담사동은 "글[이론]만 읽는 선비여서는 안 된다. 글 이전에 현실적으로 신체로써 진실을 느껴야 한다"고 주장했다. 즉 인仁은 신체로만 할 것이 아니라, 현실과 부딪치는 속에서 배움[學]이 생기는 것이라고 하였다. 담사동의 사상은 현실을 외면하지 않고 적극적으로 중생과 함께 하는 동사同事라고 볼 수 있다.

29) 불교 교리를 새롭게 해석하는 교리혁명, 승단을 개혁하고 고치는 교제敎制혁명, 불교 재산을 합리적으로 관리하는 교산敎産혁명이다.

理院을 설립했으며, 세계불교연합회를 조직하였다. 상해 옥불사에서 59세로 입적하였다.

응자應慈(1873~1965)

응자는 안휘성 출신으로 호는 진경振卿, 별호는 화엄좌주華嚴座主이다. 1896년 24세에 절강성 보타산의 명성明性 화상을 의지해 출가하였다. 출가 후 『능가경』, 『법화경』, 『유마경』 등 경전을 깊이 연구하다가 참선을 통해 깨달아야 함을 자각하고, 발심한 뒤 영파 천동사 경안에게 구족계를 받았다. 이후 강소성 양주 고민사, 진강鎭江 금산사 등지에서 참선수행하며, 여러 곳의 선지식을 찾아 행각하였다. 간절한 마음으로 스승을 찾던 중 개령사開寧寺 야개冶開(1852~1922) 선사 문하에서 공부하고, 야개의 법을 받아 임제종 42세이다.

응자 선사(위)
래과 선사(아래)

이후 응자는 강소성 상숙현常熟縣 홍복사興福寺에서 월하月霞와 함께 화엄대학을 설립하여 『화엄경』을 가르치며, 중국 동남 해안의 여러 도시에서 진리를 전했다. 그는 『화엄경』을 깊이 연구해 화엄학에 뛰어났으며 선사로서도 당시 수행자들의 귀감이 되었다.

허운 스님 말년의 법문을 보면, 응자의 수행됨을 언급한 부분이 있다.

"이 법석에 응자 스님을 모셔다 법회를 이끌도록 하는 것이 합리적인데, 나같이 모자란 사람을 데려다 놓은 것 같습니다."

"응자는 선과 교를 모두 요달한 선지식이요, 그대들의 스승이 될 만한 사람입니다. 앞으로 법석에 그를 모시기 바랍니다."

허운과 응자의 나이 차이는 33세인데, 허운이 법문 도중 응자에 대해 칭찬한 것을 보더라도 응자가 계율 면으로나 수행 면에 있어 당시 승려들의 귀감이 되었음을 알 수 있다.

래과來果(1881~1953)

래과는 젊은 시절 두타행을 하였는데, 매우 기이한 행동을 하였다는 선사로 유명하다. 당대 허운과 함께 선종의 쌍벽을 이루었다. 래과와 허운은 생전에 몇 차례 만남이 있었고, 마지막으로 1952년 겨울 허운과 상해에서 만났다.

래과는 법명은 묘수妙樹, 호는 정여淨如이며, 호북성 황강黃岡 출신이다. 래과는 어려서부터 육식을 하지 않았고 다른 취미생활을 즐기지 않았으며, 점토로 불상을 만들어 동굴에 모시고 매일 예배를 드렸다. 래과는 기억력이 뛰어나 사서오경을 1년도 안 되는 시간에 모두 통달하였다. 7세 때, 우연한 기회에 어느 승려가 『반야심경』 독송하는 것을 들었는데 '무지역무득' 소절에서 문득 깨닫고, 매일 7차례씩 독경하였다.

12세 때 래과는 호북성 한양漢陽 귀원사歸元寺에 출가하려 했으나 형에 의해 붙들려 왔다. 아버지는 출가를 반대하며 육식을 강요하고 회초리까지 들었지만, 래과의 의지를 꺾을 수는 없었다. 래과는 15세에 거사의 신분으로 대지大智 스님께 경전을 공부하며, 염불시수念佛是誰 화두를 들었다.

18세 때, 부친이 중병에 걸렸는데 치료할 방도가 없자, 선인들의 할고료친割股療親 법을 모방해 부처님 전에 기도하며 간을 베어 부친을 구하는데 피 한 방울 흘리지 않았다. 부친이 완쾌된 후, 래과는 아버지의 뜻에 따라 결혼하였다.

1904년 24세의 래과는 보화산寶華山으로 출가하였다. 출가 후 주위 승려들과 뜻이 맞지 않아 승려들에게 괴롭힘을 당하자, 사찰을 나와 행각하다

래과 선사(오른쪽에서 첫 번째)와 래과와 허운을 찍은 사진(왼쪽에서 두 번째)이 고민사 선방 벽에 붙어 있다.

가 강물에 몸을 던졌는데, 미타사 승려가 구해 주었다. 래과는 강소성 진강鎭江 금산사金山寺에서 계를 받고 수행하는데, 사찰 규율을 알지 못해 한번은 400대를 맞은 적도 있었다. 이런 곤혹을 겪으면서도 래과는 '염불하고 있는 자는 누구인가念佛是誰' 화두를 놓지 않았고, 다시 행각에 나서 방방곡곡 구걸하고 다니면서도 화두를 챙겼다. 그는 훗날 제자들에게 이런 말을 하였다.

"매일 아침 해가 뜨면 일어나자마자 염불시수 화두를 들었고, 화두를 들며 무술을 익혔다. 길가·다리 밑·집 옆·계곡·산·강·묘지·인분 옆 등 멈출 수 있는 곳에서는 무술을 연습했고, 그 다음은 앉아서 좌선하였다. 혹 화두를 한번이라도 놓치면 다시 들고 시작했다. 절대 서두르지 않았고, 멈추지 않았으며, 목욕도 하지 않고, 모든 것을 내 마음대로 하였지만 법을 어기지 않았다."

몇 년간의 행각을 마치고, 1906년 26세의 래과는 금산사 선방에 들어가 맹세하였다. "내가 정각을 이루어야 이곳을 나갈 것이요, 만약 깨닫지 못하면 이 선방을 나가지 않을 것이다." 이후 래과는 다른 사람과 말을 하지 않았으며, 일념으로 정진하였다.

어떤 사람이 래과에게 '대웅전의 불상이 어떤 분이냐'고 물었을 때, 대답을 하지 못할 정도로 불상 한번 쳐다보지 않았다. 또 한번은 공양할 때, 한 승려가 밥그릇에 밥을 퍼서 래과에게 주었는데, 래과가 화두에 전념하느라 밥그릇을 받지 않아 뺨을 맞은 적도 있었다.

1907년 27세의 래과는 여섯 번째 향이 끊어지는 때에 목탁 소리를 듣고 깨달았다. 천 근 무게를 내려놓듯이 몸이 가벼워짐을 느끼고 래과는 대성통곡하였다. 다음날 래과는 고민사의 반수班首 화상을 찾아가 정각을 이루었다는 증명을 받았다.

래과는 고민사의 반수 화상 곁에 머물며 수행하였다. 이후 상주 천녕사와 영파 천동사에서 수행하였고, 복건성 운봉암에서 7년간 무문관 수행을 하였다.

1914년 34세의 래과는 고민사로 돌아와 방장이 되었다. 당시 고민사의 월조月祖 화상은 임종 전, 래과의 손을 잡고 평생 고민사를 위해 노력해 줄 것을 유언으로 남겼다고 한다. 이후 래과는 고민사에서 제자들을 지도하며 고민사 선풍을 확립시켰다.

저서로는 『래과선사어록』, 『래과선사선칠개시록來果禪師禪七開示錄』, 『래과선사 자행록自行錄』 등이 있다.

원영圓瑛(1878~1953)

원영은 법명은 굉오宏悟, 호는 도광韜光, 별호는 일후당주인一吼堂主人이다. 복건성 고전현古田縣 출신이며 18세에 용천사에 출가하였다. 허운과 같은 묘련妙蓮(1824~1907) 화상으로부터 법을 받았다. 구족계를 받은 후, 원영은 개령사의 야개冶開 선사와 절강성 천동사의 경안 선사 등 여러 선지식에게 선을 참구하였고,

원영 선사

『능엄경』을 정밀하게 연구하였다. 1908년 처음으로 복건성 용천사에서 경전을 강의하였고, 이후 영파의 안대사에 불교강습소佛敎講習所를 창설하였다.

원영은 절강성 영파의 칠탑사·천동사, 복건성 설봉사·용천사·해민사·임석사, 말레이시아 극락사 등지에서 주지를 역임하였다.

1912년 국민당 때 지방 관리와 군벌들이 불교를 탄압하자, 승려들이 단합해 불교를 보호하는 모임을 가졌는데, 원영은 허운과 함께 일을 꾸려 나갔다.

1917년에는 영파불교회寧波佛敎會 회장을 맡았으며, 1929년에는 태허 스님과 함께 중국불교회를 창립하고 연이어 7차례 회장을 역임하였다. 1930년 영파의 천동사에서 갓 출가한 인순印順(1906~2005) 법사에게 구족계를 주었다.

일본과 전쟁하는 동안(1930년 말~1945년), 원영은 용천사 주지를 그만두고 상해로 옮겨가 상해의 스님들과 함께 구재회를 조직하였다. 이어서 한구漢口와 영파 등지에도 구재회를 만들었으며, 난민수용소와 진료소도 개설하였다. 또한 기금을 모아 항전 자금을 보내기도 하였다. 이런 일로 원영은 일본군에 붙잡혀 가혹한 형벌과 고문을 받았다. 당시 허운은 원영의 안위를 걱정하며 잠을 이루지 못했다.

전쟁 이후 원명능엄전종학원圓明楞嚴專宗學院을 운영하며 직접 『능엄경』을 강의하였다. 1952년에는 베이징에서 열린 '아시아 및 태평양 지역 평화회의'에 중국불교 대표로 참석하였고, 1953년, 중국불교협회 초대 회장으로 추대되었다. 이후 영파 천동사로 돌아가 요양하다가 얼마 후에 입적하였다.

원영은 일생 동안 천태와 화엄 사상을 널리 폈는데, 교를 강조하면서 선승으로서도 당시 대선지식이었다. 실은 허운은 용천사에서 남화사로 옮겨 가면서 용천사 주지로 원영을 추천할 만큼, 원영은 허운보다 연배가 아래지만, 원영을 불교계의 인재로 생각하며 매우 귀한 사람으로 여겼다.

저서에는 『수능엄경강의』, 『대승기신론강의』, 『원각경강의』, 『금강경강의』, 『불설아미타경요해강의』, 『일후당시집-吼堂詩集』, 『일후당문집』 등 20여 종이 있다. 이 저서들은 후에 문도들에 의해 『원영법휘圓瑛法彙』로 결집되었다.

당대의 고승들
인광 · 제한 · 담허 · 홍일

앞에서 언급한 선종의 선사들뿐만 아니라 정토종의 인광 · 문질文質, 율종의 홍일, 천태종의 제한 · 담허 등 훌륭한 고승들이 많이 배출되었다. 당시 시대적으로 어려운 시기임에도 불구하고 승려들의 활발한 사회활동과 불사로 인해 중국 불교는 생생하게 살아 있었다. 각 종파의 대표 승려만 소개한다.

정토종의 인광印光(1862~1940)

인광은 금세기 중국이 낳은 가장 위대한 승려로 칭송 받는다. 허운이 1894년 55세 무렵, 보타산에서 인광을 만났고 이후 몇 차례 불사를 통해 두 분이 조우했다. 허운이 근대의 선종을 쇄신시켰다면, 인광은 정토종에 새바람을 일으킨 승려이다. 당시 인광의 설법을 들은 사람들이 '그와 같은 설법은 일찍이 들은 적이 없었다'고 칭할 만큼 훌륭했다고

인광 화상

전한다.

인광은 섬서성 합양郃陽 출신으로 21세에 서안 종남산 연화동사로 출가하였다. 이후 용서龍舒 거사(1143~1204)[30]가 쓴 『용서정토문』을 읽은 뒤, 해탈에는 염불만이 최상의 수행법이라 생각하고, 늘 일심으로 염불하였다. 인광은 염불수행하면서 경전공부도 병행하였다. 그 후 보타산 법우사에서 6년간 무문관 수행을 하였으며 주야로 염불해 염불삼매念佛三昧를 증득하였다. 이후부터 중생 교화의 서원을 세우고 모든 사람들에게 정토법문淨土法門을 해 주었다. 다음은 인광의 정토법문이다.

"첫째, 염불할 때는 정성스러운 마음과 공경스러움이 있어야 한다. 한 집안의 어른에게 인사드릴 때도 예의를 갖추고 공경심을 내는 것이 이치이건만, 하물며 부처님과 보살 명호를 부르면서 경박한 마음을 갖거나 잡된 망념을 품고 입으로만 소리 내어 염불하면 공덕이 있을 수 없다.

둘째, 염불할 때는 입으로 정확하게 소리 내야 하고, 귀로는 자신의 염불소리를 정확하게 들으며, 마음으로는 염불을 정확하게 생각해야 한다. 이렇게 마음·귀·입, 세 가지가 일체가 될 때, 몸과 마음에 안정을 되찾게 되고 다른 경계에 흔들리지 않는다.

셋째, 염불할 때는 십념十念 단위로 염불해야 한다. 이 방법은 염불을 한

---

30) 남송시대 사람으로 원 이름은 왕일휴王日休이다. 안휘성 서성현에서 출생했으며, 관리로서 유교와 관련된 저술이 많다. 장년의 나이에 유교를 버리고 서방 정토를 수행했다. 『정토문』은 10권으로, 정토의 긴요한 법과 아울러 고금에 왕생한 사람들의 행적 등이 기술되어 있다.

번부터 열 번까지 분명하게 염불하고 정확하게 기억하는 것으로, 열 번을 모두 부르고 나면 다시 되풀이하여 염불한다."

이와 같은 인광의 정토법문에 교화된 사람들은 지극정성으로 염불하며 스님의 덕에 감화를 받았다. 점차 인광의 이름이 알려지게 되었고 스님을 믿고 염불하는 자가 늘어났다.

스님은 또한 정성 들여 열심히 염불하면 어떤 병도 회복할 수 있다고 하셨다. 이는 당신이 예전에 경험했던 바를 예로 든 것이다. 스님은 출가

인광의 탑비(강서성 남창 경내에 모셔져 있음)(위), 인광 화상의 사리(아래)

하기 전 유학을 공부하며 불교를 비방하는 글을 쓰다가 실명하였다. 이때 염불왕생 정토법문이 생사를 해탈하는 근본임을 알고 밤낮을 가리지 않고 기도하여 눈병이 완전하게 치유되었다. 지성으로 염불하면 반드시 불보살님의 가피로 질병의 고통에서 벗어날 수 있다는 것을 당신의 체험으로 사람들에게 확신시켰다.

인광은 자신의 이름이 널리 알려지자, 스스로 상참괴승常慙愧僧이라고 불렀는데, 이름이 알려져 세상에 부끄럽게 여긴다는 뜻으로 인광의 겸손함이 담겨 있다.

인광은 그의 법력과 명성이 있음에도 불구하고 항상 떨어진 헌옷만 입고, 음식도 채소로 된 소식을 하며, 손수 빨래를 해 입었다. 당시 수많은 사람을 제도하면서도 주지직을 맡지 않았고, 인광에게 상좌가 되려는 이들이 찾아와도 자기 권속을 만드는 데 마음 쓰지 않았다. 또한 재난을 당하거나 어려운 일에 처한 사람에게 재물을 베풀었다.

인광은 말년에 강소성 오현吳縣 영암산靈岩山에 정토종 도량을 만들었다. 이 도량에 사람들의 발걸음이 끊길 사이가 없이 많은 승려와 재가자들이 몰려와 염불수행하였다. 인광은 남녀노소, 비구·비구니에 차별을 두지 않았으며, 평등심으로 자비를 베풀었고, 아무리 피곤하더라도 사람들이 찾아오면 흔쾌히 그들을 맞았다.

인광은 80세가 되던 어느 날, 전 대중을 모이게 한 뒤 '입적이 얼마 남지 않았으니 이 절을 맡을 스님을 추천하라'고 하셨다. 대중은 묘진妙眞 스님을 추천하여 영암산사를 다시 꾸려갈 준비를 하였다. 인광은 제자들에게 '부처님을 친견하게 되면 반드시 왕생극락하며, 내가 죽은 뒤에도 계속 염불수행할 것'을 권한 뒤, 단정히 앉아 열반에 들었다. 인광은 열반 후에도 살아 있는 사람과 다름없이 허리가 조금도 굽어지지 않고 머리도 앞으로 숙여지지 않은 좌선한 모습 그대로였다.

대중은 100일장으로 하여 이듬해 부처님 열반재일에 인광의 장례를 하기로 하였다. 100일 동안 조문객으로 만여 명이 넘는 사람들이 모여 염불을 했는데, 염불소리가 마치 우레와 같았다고 한다. 장례식날 상여가 다비장으로 가는 동안 동네 사람들의 통곡소리가 끊이지 않았다.

화장이 끝나고, 습골을 하는데 오색찬란한 사리가 1000여 과가 넘었다. 어떤 과는 구슬처럼 둥글고, 어떤 과는 꽃송이같이 생겼으며, 연꽃잎처럼 생긴 것도 있는 등 다양하였다. 유골은 백옥같이 희면서 돌덩이처럼 단단했고 쇳덩이처럼 무거웠다. 대중이 습골을 한 뒤에도 사람들이 다비장에서 인광의 사리를 얻고자 정성껏 기도하면 사리를 구했다고 할 정도였으니, 당시 사람들의 인광에 대한 믿음이 부처님과 같음을 알 수 있다.

인광은 연종蓮宗 13세이다. 스님의 사리는 인광이 입적한 강소성 오현 영암산사의 사리탑에 안치되어 있고, 유품은 인광대사기념관에 보존되어 있다. 또한 인광의 사리탑이나 부도는 여러 곳에 모셔져 있다. 서안 종남산 와불사臥佛寺 부근에도 인광의 백탑白塔 부도가 있다. 부도 개구부開口部에 20세기 서예가인 우우임于右任(1879~1964)의 글씨가 있고, 그 부도를 둘러싸고 1975년에 일본의 다나카 수상이 선물한 낙엽송이 작은 숲을 형성하고 있다. 또한 강서성 남창에도 사리탑이 있다.

천태종의 제한諦閑(1858~1932)

제한은 절강성 황암黃巖 출신이다. 어려서부터 출가 승려를 보면 따라다녔다. 소년시절에 의학을 배웠고, 20세 무렵에는 가난한 사람들에게 약을 보시하였다. 20대 초반, 제한에게 큰 불행이 닥쳤다. 자식과 부인이 죽고, 어머니마저 세상을 하직했다. 이 충격에 제한은 모든 가산을 정리하고, 백운산白雲山으로 출가하였다.

24세에 제한은 천태산 국청사에서 구족계를 받고, 민희·효유曉柔·대해大海 스님에게 『법화경』과 『능엄경』을 배웠다. 1886년 29세의 제한은 서융瑞融의 법을 받아 천태교관天台敎觀 43세가 되었다. 천태종의 법을 받고 제한은 3차에 걸쳐 무문관 수행을 하며 오로지 지관止觀을 닦았다.

이후 제한은 영가永嘉 두타사·소흥紹興 계주사·상해上海 용화사·등현鄧縣 관종사 등지에서 주지를 역임하였다. 제한은 40여 년간 여러 곳을 옮겨 다니면서 경전을 강의했는데, 제자들에게 교학으로는 천태학을 가르쳤고, 수행 면으로는 정토 수행을 근본으로 염불을 강조하였다.

53세의 제한은 1910년 남경에 불교 사범학교를 세우고, 교장을 역임하였다. 1918년 제한은 관종연구사觀宗硏究社를 관종학사觀宗學社로 조직 개편하여 정규 불학원으로 개칭한 뒤, 승려 교육에 헌신하였다. 이곳에서 인산仁山·묘유妙柔·담허倓虛·정권靜權·보정寶靜·묘진妙眞·가단可端·상성常惺 등 수많은 승려들이 공부를 했고, 근대불교 주역들이 배출되었다. 한편 천태학이 크게 부흥하는 요인이 되기도 하였다.

제한 화상(왼쪽)
담허 화상(가운데)
담허와 허운의 제자 도륜이 홍콩에서 만나 찍은 사진(오른쪽)

제한은 1932년 세수 75세로 관종사에서 입적하였다. 저서로는 『대불정수능엄경지매소大佛頂首楞嚴經指昧疏』, 『원각경강의』, 『금강경친술』, 『시종심요약해始終心要略解』, 『염불삼매보왕론의소念佛三昧寶王論義疏』, 『교관강종강의敎觀綱宗講義』 등이 있다. 이 책들은 제자 담허에 의해 『제한대사유집』으로 합본되었다.

천태종의 담허倓虛(1875~1963)

담허는 천태종 승려로 제한 화상의 제자이다. 평생 동안 간경과 승려 교육에 앞장섰던 북방불교의 선구자이다. 허운이 고산 용천사에서 불교를 중건하기 위해 노력할 때, 당시 고승들을 모셔다 법문을 하게 하였는데, 담허는 허운의 초청으로 용천사의 법사로 초청되기도 하였다.

담허는 하북성 영하寧河(현.天津) 출신이다. 법명은 융함隆銜, 자字가 담허이다. 출가 전 농사일을 하다 의학을 배워 한의원을 운영했다. 40세에 『법화경』을 듣고 발심해 모든 가산을 정리하고, 43세에 내수 고명사高明寺의 인괴印魁 스님을 의지해 출가했다. 후에 담허의 두 아들도 출가하였다.

다음해 영파 관종사의 제한 화상을 의지해 구족계를 받고, 제한에게서 천태교학을 배웠다. 이후 1911년 심양 만수사에 불학원을 개설해 승려들을 교육하였다. 1915년 제한의 법을 받아 천태종의 44세이다.

담허는 동북지방에서 가르침을 전했으며 많은 도량을 창건하였다. 현재 동북지역 대사찰인 하얼빈의 극락사·장춘長春의 반야사·천진 대비원·영구營口의 능엄사가 담허의 손길로 이룩된 도량이다. 이후 청도 담산사湛山寺에 오래 머물러 스스로 '담산 노인'이라고 불렀다.

1938년 홍콩에 머물며 화남불학원華南佛學院을 세우고, 중화불교도서관과 불교인경처佛敎印經處를 설립하였다. 또한 천태정사天台精舍·홍법강당弘法講堂·청산靑山 극락사 등을 창건하여 불교 포교에 매진하였다. 스님은 체구가 크고 위엄 있으며 목소리가 우렁차, 법상에 오를 때마다 사부대중이 구름처럼 몰렸다는 전설이 있을 정도이다.

스님은 고령에도 불구하고 매일 대중들에게 강의를 하며, 하루 종일 쉴 틈이 없었다. 1963년 봄, 열반하는 그해에도 중화불교도서관에서 『능엄경』과 『금강경』을 강의하였다. 89세를 일기로 대중들의 염불소리를 들으며 가부좌하고 입적하였다. 다비 후, 4000여 과의 사리가 나와 담허가 오래 머물렀던 담산사에 사리탑을 모셨다.

담허는 제자들에게 간파看破·방하착放下着·자재自在를 강조하였으며, 스승 제한과 마찬가지로 교학으로는 천태학을 가르쳤고, 수행은 정토를 근본으로 삼았다. 담허 문하에는 염불삼매에 들어 미리 자신의 입적할 시간을 알고 해탈한 자가 많았다고 한다. 담허는 평생 오후불식을 하였고, 하안거에 들어가는 일을 철저히 지켰으며, 제자들에게도 철저하게 계율 지킬 것을 강조하셨다.

스님의 저서로는 『금강경강의』, 『심경의소』, 『심경강의』, 『기신론강의』, 『보현행원품수문기』, 『능엄경강의』 등이 있다. 후에 제자들이 스승의 법문과 저작을 모은 『담산대사법회湛山大師法匯』를 냈다.

율종의 홍일弘一(1880~1942)

홍일은 계율을 연구하고 남산율종을 중흥시킨 분이다. 허운은 1930년대 초기 용천사에 머물 당시, 불교학교를 창립해 몇 차례 고승들을 모셔 법석을 만들었다. 홍일은 허운의 초대에 응해 용천사에서 법을 설하는 일이 있어, 허운과 홍일은 생전에 몇 차례의 만남이 있었다.

홍일은 천진天津의 유복한 집안의 서출로서 어려서 유학을 공부하였다. 어려서부터 전각이나 서예·그림 등 예술 분야에서 천재성을 인정받았다. 20세 무렵, 상해로 온 가족이 이사를 한 뒤 홍일은 시를 짓고 그림 그리며 노래 부르는 등 자유분방함과 예술적 기질을 마음껏 즐기며 살았다. 여성들과의 염문도 따라다녔다. 상해에서 대학을 다니며 강연하면서 사람들에게 신혁명세력을 고취시켰다.

26세에 일본으로 건너가 미술을 전공하며 음악·연극 연출 등을 함께 배웠다. 귀국해 학생들을 가르쳤고, 이후 상해 주재 태평양보 신문의 주필을 맡아 서화書畫로 혁명사상을 전파하였다. 다시 절강제일사범학교에서 그림·음악을 가르쳤는데, 당시 홍일은 그림·음악·연극 분야에서 중국 근대의 선구자적 예술인이었다.

1918년 39세에 홍일은 모든 서적과 예술품들을 주변 사람들에게 나누어 주고, 항주杭州 대자사 료오了悟 화상 문하에 출가하였다. 얼마 후 항주 영은사에서 구족계를 받고 홍일이라고 하였다.

홍일은 '승려들이 주위 도반이나 재가자들에게 비방 받고 망신당하는 것은 계율을 지키지 않기 때문'이라고 개탄하고 계율을 연구하였다. 그는 스스로 평생 동안 계율을 철저하게 지켰으며, 맨발로 다니거나 짚신을 신고 다니는 등 철저한 두타행자였다. 한편 홍일은 몇 년 동안 무문관 수행을 하였다.

당시 정치인들을 크게 꾸짖을 만큼 홍일은 늘 당당했으며, 불교를 미신이라고 비판하거나 훼멸하는 세력에게는 허운과 함께 과감하게 대처하는 강직성이 있었다.

홍일은 평생 사찰의 주지직을 맡지 않았고, 대중을 거느리거나 제자를 두지 않았다. 일정한 곳에 머물지 않고 운수행각하며, 인연되는 사람들에게 글씨 써 주는 일이 전부였다. 63세에 양로원에서 입적할 만큼 한평생 청정한 삶과 수행을 실천한 홍일은 고고한 계율승으로서 중국 불교 승려들의 귀감이 되고 있다.

저서로는 『미타의소힐록彌陀義疏擷錄』, 『사분율비구계상표기四分律比丘戒相表記』, 『청량가집淸凉歌集』, 『화엄연집華嚴聯集』, 『사분계본강의四分戒本講義』, 『남산도조약보南山道祖略譜』, 『홍일대사법집』 등이 있다.

10여 세의 귀공자 모습인
어린 시절 홍일 (왼쪽)
1918년 39세로 출가할 당시의 홍일 화상 (오른쪽)

003 허운의 선사상

스님께서는 어떤 법문이든 간에 계율을 설하셨고, 어떤 불교 수행을 하더라도 도를 이룰 수 있는 선결조건으로 계율을 강조하셨다. 허운은 어느 곳에 처하는 불사할 때 계율을 통해 도량을 정비하였고, 승려들의 생활과 수행에서도 계와 일체됨을 강조하셨다.

한편 허운은 참선에 있어서는 '염불시수'를 강조하셨다. 제자들에게 이렇게 설했다. "네 글자 가운데 가장 중요한 것은 '수誰'이며, 나머지 세 글자는 그것을 늘려 말한 것에 지나지 않는다. '옷 입고 밥 먹는 자는 누구인가?', '해우소에서 볼일 보는 자는 누구인가?' 라든가, '번뇌를 타파하려는 자는 누구인가?', 혹은 '알고 느끼는 자는 누구인가?' 라고 해도 마찬가지이다. '누구인가[誰]' 화두야말로 실로 참선의 묘법이니, 언제 어느 때 무엇을 하든 간에 '누구인가' 하나를 들면 곧 쉽게 의정이 일어난다. 서 있든 걸어가든 앉아 있든 누워 있든 어떤 행을 하든 간에 이 '누구인가' 하나를 들면 쉽게 의정이 일어날 것이다. 절대 생각으로 헤아려서 알려고 하지 말라. 이 '누구인가' 화두는 참선의 묘법이라고 할 수 있다."

이계위사以戒爲師
계로써 스승을 삼을지니라

중국 승려들은 '이계위사' 문구를 평소에 즐겨 쓴다. 섬서성 종남산 정업사 객당에 걸려 있는 현판

스님은 당신께서도 계율에 철저하셨던 분이며, 열반할 때도 제자들에게 계戒를 강조하셨다. '혼탁한 세상에 불교가 사라지지 않도록 하려면, 승려가 계율을 청정히 지켜 중생들의 모범이 되어야 한다'는 것이 스님의 지론이다.

스님께서는 어떤 법문이든 간에 계율을 설하셨고, 불교 수행의 방법[31]에서나 도를 이루는 선결조건에서도 계를 강조하셨다. 허운은 어느 곳에 처하든 불사할 때 계율을 통해 도량을 정비하였고, 승려들의 생활과 수행에서도 계와 일체됨을 강조하셨다. 또한 선종 사찰에서는 선종의 규범인

청규清規를 정비해 그 사찰에 맞도록 사찰 청규를 승려들에게 인지시켰다. 이 장에서는 계율로써 도량(운남성 축성사·복건성 용천사)을 정비한 일과 스님의 계율 법문에 대해 언급하고자 한다. 먼저 스님께서 66세에 운남성 계족산에 있을 때의 일화이다.

허운이 운남 계족산에 갔을 때, 스님다운 승려가 한 사람도 없었다. 당시 계족산 승려들은 재가자들의 옷을 입고 있었고, 세력가들과 손잡고 절 재산을 늘리는 것을 불교라고 생각하고 있었다. 허운이 계족산을 청정 도량으로 만들겠다는 원력으로 선방을 열고 경전을 강의했지만 한 사람도 오지 않았다. 그래서 허운은 계족산 승려와 사람들을 위해 전계傳戒하는 방식으로 그들을 교화하기로 하였다. 그때까지 계족산 사람들 중에는 전계나 수계라는 것조차

계족산 산내 노점상에게 버섯을 사고 있는 비구스님들(위)
계족산 산내 상인들과 가격흥정을 하고 있는 비구니스님들(가운데)
계족산 산내 노점상에게 물건을 사고 있는 비구니스님들(아래)

---

31) 이 책의 뒷부분 허운의 선사상 장에서 처음 언급되는 불교 수행의 네 가지 방법을 말한다.
간단히 언급하자면, 인과를 알고, 계율을 잘 지키며, 굳은 신심을 가지고, 한 가지를 일관되게 하는 수행이다.

중국은 계단 혹은 계당이라고 하여 수계를 받는 당우가 따로 있다. (베이징의 계태사) (왼쪽)
사진 가운데 왼쪽 당우가 계당이다. (강소성 남경 융창사) (오른쪽)

아는 사람이 없을 정도였다. 허운은 수계 기한을 53일로 늘렸는데, 처음 800명이 와서 계를 받음으로써 그들에게 계율이라는 것이 무엇인지를 알도록 하였다. 이렇게 허운과 왕래를 시작한 사람들은 그때부터 가사를 수하고 법당에 들어가고, 경전을 읽으며, 술 담배도 하지 않고, 고기와 오신채를 먹지 않으며, 바른 견해를 가지려고 하였다. 허운은 전계를 통해 운남성의 불법이 몰락해 가는 것을 바로잡을 수 있었다.

또 20여 년 후 허운이 운남성 곤명 화정사에서 복건성 용천사로 옮겨 갔을 때가 1928년 89세 때이다. 당시 용천사는 타락할 대로 타락해 있어 선종 사찰로서의 의미가 상실되어 있었다.

스님께서 용천사에서 제일 먼저 한 일은 계율 정돈이었다. 전쟁에 끌려

가지 않기 위해 도첩으로 승려가 된 사람은 용천사에 머물지 못하게 하였다. 또한 당시 멀리서 금전만 보내오면 계첩을 우편으로 보내 주니, 돈으로 계첩을 산 사람들이 '내가 비구다, 비구니다' 하면서 가사를 수하는 일이 많았다. 스님께서는 이렇게 계첩이 남발되는 것을 금하여 돈은 보내와도 계첩을 보내 주지 않았다. 이에 반발하는 자가 많았고, 사찰에 불을 지르는 이들도 있었다. 또한 폭력으로 사찰 주지를 하려고 칼을 들고 스님을 위협하는 이들까지 있었으니, 허운은 수행자답지 못한 이들로부터 마음고생이 많았다.

허운은 오랫동안 용천사에 이어 내려온 전계 기간을 8일에서 53일로 늘리고, 계당戒堂[32]에도 비구와 우바새, 비구니와 우바이가 함께 들어갈 수 있도록 하였다. 수계식에도 보타산의 문질文質 화상을 모셔와 계를 주고, 『범망경』을 강설하였으며, 계율학원을 설립해 율사인 자주慈舟 화상에게 계율의식 고취하는 일을 맡아보게 하였다.

다음은 스님께서 1953년 상해 옥불사 선칠禪七에서 하신 4월 23일 법문과 5월 15일 법문을 정리한 것이다. 허운의 법문을 통해 당시 승려들의 계율 의식과 스님의 고구정녕한 말씀을 엿볼 수 있다.

"벌써 수십 년 전에 불법이 망했습니다. 그 원인은 전계가 여법하지 않았기 때문입니다. 전계가 여법하였다면 비구·비구니들이 계율을 엄격하

---

32) 중국은 큰 도량인 경우, 수계 받는 당우가 따로 마련되어 있는데, 계당 혹은 계단戒壇, 계대戒臺라고도 한다.

게 지켰을 것이며, 불교가 오늘날과 같이 쇠락하지 않았을 것입니다. 내가 출가한 복건성 고산 용천사도 전계 방식을 생략하고, 간단하게 처리해 계를 주었습니다. 나중에 각지를 다녀 보니, 사찰마다 전계 방식이 다르고, 적당히 수계식을 거행하는 곳이 많았습니다.

『능엄경』에 '만약 계를 받고자 하는 승려나 전계사 10비구(十師) 가운데 한 사람이라도 청정하지 않은 이가 있으면 이런 도량에서는 대개 성취하지 못한다' 고 하였습니다. 곧 열 명의 수계사 가운데 한 사람이라도 청정치 못한 비구가 끼어 있으면 전계가 무효인 것입니다. 근래의 전계는 청정한지 청정하지 않은지도 묻지 않고, 여법한지 여법하지 않은지도 묻지 않습니다. 참으로 걱정스러운 일입니다.

저는 삼단정범三壇正範 후기後記에서 이렇게 말했습니다. '또 벽보가 네 장 나붙어 선동하고 있습니다. 계사戒師를 사고 팔고, 계단戒壇 있는 곳을 존중하지 않으며, 잡신을 모시는 사당을 계당으로 삼아 서로 미혹되어 이름을 훔치고 이익을 얻으면서 해 오던 방식대로 청정한 전계를 시장 바닥으로 만들고 있습니다. 본래 청정한 부처님의 도량이 지옥의 깊은 구렁으로 바뀐 것입니다.' 저는 매년 전계를 하면서 지옥업을 많이 지었습니다만 후진들을 위해 그렇게 할 수밖에 없었습니다.

삼단계법三壇戒法[33]은 한 단마다 3년을 배워야 전수를 하는 것입니다. 비구계를 받는 데 가장 중요한 것은 참회입니다. 참회를 하지 않으면 100년

---

33) 사미 · 사미니, 비구 · 비구니, 보살계를 차례로 받는 것이다. 보살계는 승 · 재가 모두 받을 수 있는 계이다.

이 지나도 헛일입니다. 법랍이 수십 년 된 노승들도 계를 지키지 않는 일이 많습니다. 이런 사정을 노승들은 다 알고 있을 터이고, 초발심자들은 철저히 계를 지켜야 합니다. 대·소승의 경·율·론을 배워 법의 이치를 분명히 알려고 노력해야 합니다. 청정한 본각本覺의 자리에서 본다면, 본래 한 티끌도 없지만 불사문중佛事門中에서는 한 법도 버릴 것이 없습니다.

계를 지님에 있어 대승과 소승의 차이가 있는데, 소승에서는 3천 위의威儀와 8만 가지 행동 가운데 몸을 제어해 범하지 않는 것만 강조합니다. 반면 대승에서는 몸의 행동거지를 바로 해야 할 뿐만 아니라 망상조차도 일으켜서는 안 됩니다. 한번 망상을 일으키면 곧 계를 범한 것이 됩니다. 대승 계법은 말하기는 쉬워도 행하기는 어렵습니다. 계를 받을 때 서원을 세웠으면, 행하는 것이 중요합니다. 스스로 살펴보십시오."

다음도 허운의 계에 관한 법문이다.

"바라제목차(계율)를 암송한다고 하는 것은 단지 입으로 문장을 외우는 것이 아니라 그 말대로 행하는 것을 말합니다. 계율을 지키는 것은 참으로 어려운 일입니다. 조금이라도 어겨서는 안 됩니다. 계율 지키는 일은 머리에 기름 단지를 이고 가는 것과 같아서 조금만 방심하면 기름이 새어 아래로 떨어지는 것처럼 주의하지 않으면 계를 범하게 됩니다. 보름마다 송계할 때, 암송을 마치고 나면 기억해 두어 입으로 송하고 마음으로 염두에 두어야 합니다. 그래야 어떤 좋지 않은 경계가 닥쳤을 때, 계를 범하지 않고 십악+惡을 짓지 않습니다. 부처님께서 보름마다 승려들에게 계율을 암송하도록 한 점이 바로 이런 데 있습니다.(포살) 초발심자는 각별히 신중해야 합니다. 참으로 많은 승려들이 노승이 되어도 여전히 흔들리기 때문입니다. 한평생 승려로 살아가면서 시시각각 어느 때라도 계율을 범하지 않아야 그때서야 비로소 청정비구라고 할 수 있습니다. 계율에는 비록 큰 계·작은 계·본 그대로의 계율·차단하는 계율 등 구분이 있지만, 어떤 것이든 털끝만큼도 범하지 않아야 합니다. 청정하게 계를 지킨다는 것은 보름달 같은 것이어서 실로 쉽지 않은 일입니다. 정말 조심하지 않으면 안 됩니다."

교육관과
불사정신

　허운 스님은 민족에 대한 연민심이 강했으며, 승려뿐만 아니라 재가자들의 교육을 강조하였다. 20세기 초는, 태평천국난과 청나라의 멸망, 신해혁명을 거쳐 중화민국, 공산당에 이르기까지 불교를 미신으로 치부하고 없애야 할 구시대의 유물로 보고 있었던 시대의 연속이었다. 이렇게 중국 사회가 급변하는 속에서도 허운은 승려 교육에 대한 열정을 잊지 않았고, 제자들에게 이런 말을 하였다.

　"지금은 신·구 사상이 교체되는 시기라서 모든 게 혼란스럽고 제대로 되지 않습니다. 이럴 때일수록 불법의 진리로 중생들을 이끌어야 합니다. 더욱 분발하여 불법 교육에 힘쓰도록 합시다. 우리의 불교 학당(불학원)이 비록 작긴 하지만, 힘을 발휘해야 합니다. 나라가 편안한 뒤에 학생들을 모을 수는 없습니다. 기다릴 필요 없이 지금 학교를 열어 학생들을 모집해 젊은 승려들을 교육시켜야 합니다."

　스님은 운남성 빈천현賓川縣 축성사祝聖寺에 머물 때도 불교 학교·병원 등을 지으려고 계획하고, 허가를 받기 위해 운남성 관리자를 만나러 갔었다. 당시 운남성 민정청장은 스님에게 총까지 겨누면서 불교를 구시대의 미신이라며 허가해 주지 않았다. 이후 민정청장이 바뀌면서 허운은 학교와 병원을 지을 수 있었다.

허운은 어느 곳에 머물든 사찰에 불교대학을 설립해 승려와 불자들 교육에 앞장섰다. 운남성 곤명 화정사에 불교대학을 설립하자, 학생 숫자가 700여 명에 이르렀다. 대중의 하루 한 끼 식사도 어려운데 허운은 불교대학 학생들에게는 매일 세 끼 식사를 제공했다. 또한 학인들에게 보시금까지 챙겨 주었고, 승복도 직접 해서 입혔다.

스님의 교육관은 1957년 운거산 진여사에 머물 당시에도 마찬가지였다. 공산당의 끊임없는 감시 속에서도 불학연구원을 설립하고, 청년 승려들을 교육하였다. 이때 스님께서는 승려들에게 특히 『법화경』과 『능엄경』을 암기하도록 하였다. 스님께서는 『능엄경』을 강조하면서[34] 이런 말씀을 하셨다.

"경전을 많이 본다고 해서 도를 깨닫는 것은 아닙니다. 한 법으로 통하면, 모든 것이 통하는 법입니다. 대장경을 보기로 마음먹었다면, 3년 정도 경전을 공부하면 깨달을 수 있습니다. 그러나 단순히 경전을 보는 것은 달리는 말 위에서 풍경을 보는 것과 같습니다. 완전히 자기 것으로 만들려면 그 하나에 익을 때까지 지극한 마음으로 읽어야 합니다. 제 생각에는 『능

---

34) 허운은 평생 『능엄경』을 소중히 여겼고, 늘 어디서나 법을 설할 때 『능엄경』을 강조하셨다. 고대로부터 중국에서는 승려들이 새벽 예불 때 능엄주를 많이 독송하였고, 현재도 능엄주를 독송하는 사찰이 많이 있다. 한국의 성철 스님도 능엄주 독송을 강조하여 재가자들이 한때 능엄주를 독송하였다. 허운의 선사상 전개에서 도륜度輪 화상을 소개하였는데, 이 도륜은 『능엄경』 법문과 능엄주 독송을 강조한 분으로 세계적으로 널리 알려진 선사이다.

엄경』한 부분을 읽더라도 오직 본문을 숙독하고, 주해는 굳이 보지 않는 것입니다. 꿰뚫을 정도로 읽으면, 앞부분을 보면 뒷부분을 이해하게 되고, 뒤 문장으로 앞 문장을 이해할 수 있습니다. 『능엄경』은 범부중생에서 부처 경지에 빨리 이르게 할 수 있는 지름길입니다. 무정無情에서 유정有情으로 이르게 하고, 산하대지·사성육범四聖六凡·수증과 미오·인과와 계율 등이 상세하게 설해져 있으므로 이 경전을 제대로만 숙독하면 많은 이익을 얻을 것입니다."

허운은 『능엄경』을 강조하고 있지만, 꼭 한 경전에 한정된다고 생각지 않는다. 뒷부분 허운의 선사상 장에서도 언급되지만, 허운은 경전이든 선이든 정토 수행이든 어느 하나를 꾸준히 밀고 나가는 정진이 중요하다고 강조하기 때문이다.

허운이 말하는 교육은 단순히 불교의 발전이기도 하지만, 문화의식에 대한 강조이기도 하다. 이 어른의 사찰 불사에 대한 생각도 교육관과 비슷하다. 제자들은 '나라가 어지럽고, 불사하는 일이 어려우니, 불사를 중단하자'고 몇 번이고 허운에게 권했다. 그러나 허운은 그때마다 이런 말씀을 하셨다.

"며칠 후에 죽는다고 해서 밥을 먹지 않을 겁니까? 마찬가지입니다. 설령 나라가 어지러워 불교를 탄압하고 불상을 파괴할지라도 불사를 해야 합니다. 불교 도량이 생기고 나면 불교계 인사나 승려들이 자기 역량을 다

하여 부처님의 가르침을 전하고 중생을 제도할 겁니다. 이러다 보면 차츰 세상 사람들 마음이 자비롭게 되고, 탐욕과 진심·어리석음을 줄여 살생을 하지 않는 등 악의 근원을 만들지 않을 것입니다. 바로 이것이 인류 멸망을 구하는 방법입니다."

허운은 중국에서 불교가 지속되지 못하고 법난을 당할지라도, 당신이 하고 있는 불사가 물방울처럼 작은 일이지만, 미래에 불교문화를 꽃피울 것이라는 확신이 있었다. 스님께서 제자들에게 이런 말씀을 하셨다.

"우리가 계戒·정定·혜慧, 삼학에 의지해 남을 위해 헌신하고 무엇인가 할 수 있다면, 그야말로 처처處處가 모두 화장세계일 것입니다."

그런데 정말 이 점이 맞았다. 중국은 사회주의 혁명과 문화대혁명을 거치면서 20여 년 동안 사찰 문화재가 철저히 파괴되었지만, 허운이 재세할 당시 불사했던 사찰들은 제일 먼저 불사가 되어 현재 총림으로 도량이 완전하게 정비되어 있다. 스님께서 만년에 불사에 전념했던 광동성 남화사나 대각사는 도량 곳곳마다 화장세계 극락이다.

한편 중국에서 몇 십년 동안 불교사상과 신앙이 억압당했지만, 허운이 길렀던 1세대·2세대 제자들은 현 중국 불교의 주축을 이루고 있다. 그들은 선종 사찰 및 대사찰들을 불사하고, 스승의 유언에 따라 중생 제도를 하고 있다. 허운을 직접 뵙지 않은 현 시대 젊은 승려들도 허운을 존경하고 있는데, 여러 면으로 허운의 교육관이 젊은 수행자들의 나침반이 되고 있다.

스님께서 열반하면서 제자들에게 계를 강조하고, 잠시 쉰 뒤 마지막 유언으로 이런 말씀을 남겼다.

"정념정심正念正心, 대무외정신大無畏情神을 기르고,
 사람을 제도하고 세상을 제도하라."

비구니 · 여성에 대한 평등사상

여성에 대한 비하나 여자를 낮게 평가하는 점에 있어서는 어느 나라나 마찬가지지만 중국 역사를 보면 중국도 여자를 존중해 주는 민족은 아니었다.

그런데 현 중국은 여성들이 평등하게 인권 존중을 받으며, 남자와 다름없는 권익도 보장되어 있다. 마오쩌둥은 공산화를 통해 여성의 노동 창출 면에 있어서는 여성도 남성과 동등하다는 입장을 고수했다. 그리하여 여성이 남성과 똑같이 하늘의 반을 떠받치고 있다고 하여 여자를 '반변천半邊天'이라는 용어로 대신하기도 한다.

이런 사회풍조 때문인지 대체로 가정에서도 중국은 남자가 밥을 하거나 빨래하고, 아기를 돌보는 등 여자와 똑같이 가사 노동을 분담한다. 아마도 세계적으로 남녀평등이 현실적으로 가장 빨리 이루어진 나라가 중국이 아닌가 싶을 정도이다.

그런데 중국 사찰 순례를 하면서 보니, 일반 사회에서는 남녀평등이 이루어져 있지만 불교 사찰에서는 그렇지 못했다. 중국 사찰의 85%는 비구들이 상주하는 사찰이고, 비구니 사찰은 홍일점처럼 수많은 사찰 속에 하나 정도 불쌍해서 끼워주는 느낌이 들 정도였다. 비구니 사찰이 비구 사찰에 비해 수적으로도 열세하지만, 사찰 규모 면으로도 매우 초라하다는 점이다. 또한 중국의 몇 사찰은 비구·비구니가 함께 상주하는데, 비구니는 얹혀사는 이방인과 같은 존재였다. 승가가 비구·비구니는 동등하다고는 하지만 비구 중심 사회인 것은 부정할 수 없는 현실이다.

허운은 공부 면에 있어 결코 비구·남성만을 고집하지 않으셨다. 평등하다는 전제 아래 비구니와 여성에게도 비구에게 설하는 것처럼 동등한 가르침을 설했으며 계를 주었다. 먼저 스님께서 1953년 상해 옥불사 선칠禪七 법문에서 하셨던 '비구니가 비구를 지도했던 기연'을 소개한다.

"우리 종문에는 비구와 거사도 위대하지만, 비구니도 위대한 인재입니다. 옛날 당나라 때 관계항자灌溪恒者는 임제의 제자였지만, 그는 훌륭한 스승인 임제 문하에 있어도 깨닫지 못했습니다. 이에 관계는 행각을 떠나 선지식을 찾아 나섰는데, 어느 날 우연히 말산末山 비구니가 있는 처소에 이르게 되었습니다.

관계는 말산 비구니와 법거량을 하였지만, 답변할 말을 잃고 말문이 막혀 버렸습니다. 관계는 이 비구니가 보통 스님이 아니라는 것을 깨닫고, 말산 비구니 처소에서 원두園頭 소임을 3년간 맡아 있으면서 공부하여 마침내 그 비구니의 도움으로 대오각성하였습니다. 이렇게 비구 관계 스님은 임제의 제자이지만 비구니의 도움을 받아 깨달은 것입니다.

또한 중국 역대 이래 세상을 놀라게 한 훌륭한 비구니가 많이 있습니다. 여기 모인 비구니들은 어째서 깨닫지 못하고 있습니까? 불법은 평등하다는 것을 반드시 알고 모두 노력해야지, 스스로 퇴굴심을 내고 물러나 인연 잘못 지은 것(여자의 몸을 받은 것)만 탓하고, 헛되이 시간을 낭비해서는 안 됩니다.

　무량겁 동안 생사에 유랑하는 것은 모두 몸과 마음을 다해 수행하지 않기 때문입니다. 그러니 여러분은 몸과 마음을 다해 잠깐이라도 정좌靜坐하여 생사 무명으로부터 빠져나오는 것을 입증해야 합니다."

　앞 글에서도 언급했지만, 허운 스님께서 복건성 용천사에 머물기 시작하면서 용천사 승가를 바로잡기 위해 제일 먼저 한 일이 계율을 정돈하고 승려에게 계를 주는 일이었다. 허운이 용천사에 머물기 이전에는 계당戒堂에 비구와 우바새만 들어가 계를 받는 것이 관습법처럼 이어져 오고 있었다. 스님께서는 이 점부터 고쳤는데, 즉 비구니와 우바이도 함께 계당에 들어가 계법을 공부하고, 비구니도 비구와 똑같이 구족계를 받을 수 있도록 한 점이다.

　또한 스님께서는 용천사 불사를 완비한 후 광동성 남화사로 옮겨 가서도 남화사 도량과 주변 인근을 정비할 때, 암자를 지어 비구니가 머물도록 배려해 주셨다.

　허운 스님은 이렇게 깨달을 수 있는 면에 있어 남자·여자라는 구분을 두지 않았으며, 승가에서도 비구·비구니라는 분별심을 두지 않은 평등주의자였다. 마지막으로 한 가지는 미국 여인에게 계를 준 일이다.

1948년 겨울, 허운이 대각사에 머물 때였다. 미국인 제니스라는 여인이 샌프란시스코에서 홍콩을 경유하여 광동성 광주로 들어와 허운을 찾아왔다. 제니스는 아버지가 기독교 목사이고 남편도 기독교 신자인데, 기독교 교리에서 인생의 진리를 찾지 못해 불교 공부를 시작했다고 한다. 제니스는 인도에서 몇 년간 수행하였고, 동양 여러 나라에서 불법을 배웠지만, 정식으로 수계를 받아야겠다는 일념으로 허운 화상을 찾아 중국까지 온 것이다. 허운은 그녀를 남화사로 데리고 가 육조 혜능 진신상에 참배시키고, 관홍寬弘이라는 법명을 지어 주며 계를 주었다. 이후 제니스는 남화사에 머물면서 허운의 제자 도륜에게 가르침을 받았다.

1948년 대각사에 머물 당시 미국인 제니스가 허운 선사에게 수계를 받았다.
오른쪽 승려는 허운의 제자인 도륜

중생평등사상
축생과 무정물의 귀의

스님 생전에 주위 사람들은 스님이 사는 도량에 축생들을 데리고 와서 방생하였다. 스님은 축생에게도 사람과 똑같이 계를 설해 주고, 법명을 지어 주며, 전생의 나쁜 업을 벗으라는 축원을 해 주었다. 또한 허운은 '비록 무정물과 풀 한 포기에 성정이 없다고 할지라도 그들도 중생이오, 불법에 있어 중생은 모두 평등하다'고 하면서 무정물에게 법을 설해 주었다. 스님의 이러한 자비와 덕이 향내음처럼 도량에 미치어 초목·금수가 감화를 받은 것이다. 스님 생전에 기이한 일화가 많다. 앞의 여러 글에서도 언급한 적이 있지만, 몇 가지만 더 소개하기로 한다.

허운이 60대 초반 운남성 곤명 복흥사에 머물 때이다. 복흥사 부근에 위치한 영상사의 한 젊은 승려가 수탉 한 마리를 데리고 와서 복흥사 도량에서 수탉을 길러 달라고 청을 하였다.[35] 수탉은 함께 키우는 닭뿐만 아니라 다른 가축들까지 물어뜯어 죽일 정도로 너무 사나워 도저히 키울 수가

---

35) 한국 사찰과 달리 시골지역의 중국 사찰은 도량에 개·거위·닭 등을 많이 키운다.

없기 때문이었다. 허운은 수탉에게 정월 15일에 계를 주기로 하였다.

드디어 법회 날 수백 명의 곤명 사람들이 수탉의 수계 모습을 지켜보기 위해 복흥사에 모여들었다. 스님이 수탉에게 삼귀의와 오계를 설해 주는데, 수탉은 조용히 땅에 엎드려 있었다. 이후 닭은 도량을 다니며 곤충을 잡아먹지 않았고, 축생을 괴롭히지 않았으며, 대웅전에서 종소리가 들리면 대웅전 앞으로 달려갔다. 2년 후 수탉은 승려들이 대웅전에서 독송을 끝낼 무렵, 그 자리에서 선 채로 죽었다. 허운은 수탉의 장례를 치러 주고 묘비명까지 세워 주었다.

허운이 계족산 축성사에 머물 때이다. 방콕에서 법을 설하고 대장경 수십만 권을 배에 싣고 미얀마를 거쳐 운남성 대리大理에 도착했다. 허운이 대리시에 있는 만수사에서 며칠 쉬기로 하고 주지스님과 잠시 대화를 나누고 있는 사이, 한낮에 갑자기 황소 한 마리가 절로 뛰어들어 왔다. 이어서 5~6명의 백정이 헐레벌떡 따라 들어왔다. 이 소는 도살장으로 끌려가던 중 탈출하여 사찰로 들어온 것이다. 허운은 그들에게 말했다.

"황소도 불성이 있어 부처님의 보호를 받고자 이곳에 찾아온 것이니, 내가 대신 소값을 지불하면 어떻겠습니까?"

허운은 백정들에게 소값을 계산해 주고, 소에게 계율을 설하며 타일렀다.

"네가 전생의 나쁜 업으로 인해 이번 생에 축생이 되었으니, 불경을 싣고 축성사로 돌아가서 도량에서 나와 함께 수행하도록 하자."

스님께서 운남성 곤명 화정사에 머물 때이다. 장졸선 거사[36]가 거위 한 쌍을 절에 데리고 와 방생하며, 스님께 설법해 주기를 청했다. 스님은 거위 한 쌍에게 계를 주고, 가르침을 주었다. 이날부터 두 마리 거위는 사람들을 따라 법당에 올라오고, 사람들이 염불하면 얌전히 앉아 염불을 들었다. 또 사람들이 아미타불을 염하며 법당 안을 돌면[37], 거위도 사람들과 함께 돌았다. 3년이 지나 암컷이 대웅전 문 앞에서 세 바퀴를 돌더니 부처님을 쳐다보며 죽었다. 다음날부터 수컷의 울음소리가 그치지 않았다. 수컷은 며칠 동안 먹지도 않더니, 결국 대웅전 앞에서 부처님을 바라보며 죽었다. 허운은 작은 관을 만들어 한 쌍의 거위를 합장해 땅에 묻어 주었다.

스님께서 복건성 고산 용천사에 머물 때이다. 1932년 봄, 용천사에서 수계식을 하는 기간인데, 한 노인이 갑자기 스님을 찾아와 계를 구한다고 하였다. 노인의 형색은 머리와 수염이 하얗고, 용모는 매우 단정해 보이면서 기이한 형상이었다. 그는 성은 양 씨이고, 민남대교에 사는 사람이라고 하였다. 그런데 같은 고향 사람인 묘종 스님이 그 노인을 한 번도 본 적이 없는 사람이라고 하여 대중들이 이상하게 생각했다. 보살계를 마치고, 계첩을 주자 노인은 종적을 감추었다. 얼마 후 묘종 스님이 고향인 민남대교 용왕암에 모셔진 좌상을 보니, 일전에 계를 받은 노인이었다. 그 용왕은

---

36) 운남성 행적 순례 '화정사 편'에서 꽃이 핀 것에 대한 시를 소개했는데, 동일한 인물이다.
37) 중국은 스님들이나 불교신자들이 기도할 때나 예불의식을 할 때, 법당 안을 돌면서 아미타불을 염송한다.

여전히 계첩을 손에 쥐고 있었다. 이 일은 당시 민남대교를 떠들썩하게 만든 사건이었다.

스님께서 광동성 소관 남화사에 머물 때이다. 저녁시간에 허운이 대웅전에서 보살계를 설하고 있을 때, 조계문 밖에서 두 개의 녹색 불빛이 나타났다. 그 물체가 점점 가까이 오는데, 불빛은 호랑이였다. 이전에는 호랑이가 도량까지 내려온 일이 없었다. 마침 절에 한 고관이 와 있었는데, 그가 데리고 온 병사가 총을 들고 있어 호랑이에게 총을 겨누었다. 허운은 병사에게 총을 쏘지 못하도록 하고 직접 호랑이 가까이 다가갔다. 호랑이가 허운의 다리 아래 돌계단에 얌전히 꿇어앉자, 스님은 호랑이의 머리를 쓰다듬으며 보살계를 설해준 뒤 말했다.

"이제 산으로 돌아가 산을 지키고 불법을 보호해 주기 바란다."

호랑이는 고개를 끄덕이고 산속으로 사라졌다.

97세의 허운이 남화사에서 봄에 수계식을 회향한 지 얼마 후, 조계산에 주둔하고 있는 10사단 단장 임국갱林國賡이 여우 한 마리를 데리고 왔다. 여우를 잡아 자양제로 쓰려고 했으나 차마 죽이지 못해 방생하겠다는 것이다. 여우는 바구니에서 풀려 나오자마자, 도망가지 않고 스님 다리에 얌전히 기대었다. 스님은 여우에게 오계를 설해 주고, 뒷산에 풀어 주었다. 그러나 여우는 산에 머물지 않고 도량으로 내려와, 허운이 어디를 가든지 따라 다녔다. 마치 수호신처럼 스님을 따랐고, 전혀 육식을 하지 않았다. 허운이 가부좌를 하고 선방에 앉아 있으면 그 옆에 앉아 있다가 스님의 수염을 만지며 장난쳤다. 이때마다 스님은 아이를 타이르듯이 여우에게 말했다.

"너에게는 신령스러움이 있으니, 거친 행동을 하지 말고, 문 밖에 나가 동네 아이들에게 장난치지 말라."

얼마 후 여우가 수레바퀴에 치여 일어나지 못하자, 스님은 마치 사람에게 하듯이 말했다.

"이 가죽자루에 미련 갖지 말고, 참회해야 한다. 다시 축생의 몸을 받을 수 있으니, 지금 과거의 죄를 참회하고 염불해 빨리 해탈하기 바란다."

여우는 스님의 말을 알아들었는지, 고개를 두어 번 끄덕이더니 바로 죽었다. 허운은 대중에게 모이라고 하여 승려 장례식처럼 극진하게 염불해 주고, 여우를 묻어 주었다.

허운이 남화사에서 봄에 수계식을 하는 기간(春戒)이었는데, 한 젊은이가 절 앞을 지나는 행인이라며 스님께 수계 받기를 청했다. 남화사가 위치한 곡강에 사는 장 씨인데, 나이는 34세라고 하였다. 허운은 그에게 상욕(常辱)이라는 법명을 지어 주었다. 상욕은 계당(戒堂)에 들어가기 전까지 절 구석구석을 청소하며, 다른 사람들과 대화도 하지 않았다. 계당에 들어간 후 계에 관한 내용을 공부하는 중에도 열심히 공부하였다. 그런데 범망계를 마치자, 상욕은 가사와 도첩을 그대로 두고, 돌연 사라져 버렸다. 그러던 어느 날 허운의 꿈속에 상욕이 나타나 자신의 도첩을 찾는 것이었다. 스님께서 '도대체 자네는 어디로 갔느냐?'고 묻자, 상욕은 '아무 데도 가지 않았다'고 하면서 '토지신과 함께 있다'고 하였다.

허운이 잠에서 깨어 곰곰이 생각해 보니 절 입구에 있는 '녹나무(樟木)신이 아닐까?'라고 판단되었다. 토지신을 모신 사당 주변에 녹나무가 우거져 있기 때문이다. 허운과 관본은 상욱의 도첩을 토지신 사당으로 갖다 놓고 공양을 올려 주었다.

스님께서 광동성 유원 대각사에 머물 때이다. 1946년 국민당 정부에서 승려들에게 전쟁으로 인해 죽은 사람들을 위해 불경을 독송해 달라는 청이 있었다. 광동성 월성(粵省) 불교회에서는 허운을 모시고 정혜사에 수륙도량을 세워 7일간 천도법회를 하였다. 7일 밤낮을 불공하고 끝마치려는데 붉은 복숭아나무 한 그루가 가지마다 찬란하게 꽃을 피워 모든 사람들이 놀라지 않을 수 없었다. 이 꽃은 열흘 동안 시들지 않았다고 하는데, 당시 이 법회에 참석했던 호의생胡毅生 거사가 시를 지었다.

법회가 아직 끝나지도 않았는데,
붉은 복숭아나무에 꽃이 만개하였노라.
꽃이 떨어진 후, 만춘滿春이 빨리 오면 어떡하나.
풀과 나무도 영감靈感이 있어
유명幽明을 좇음을 알 수 있겠네.
이 숲도 시간이 지나면 황폐해질 테니
언제까지 더불어 지낼 수 있을까?

허운은 어느 법문에서 이런 말씀을 하셨다.

"일체 중생이 평등하므로 나와 남이 둘이 아닌 하나처럼 대하여라. 남이 굶주리면 자기가 굶주리는 것처럼 여기고, 남이 물에 빠지면 자기가 물에 빠진 것처럼 받아들여 보리심을 발하라. 이런 이타정신이 있다면 도념道念에 상응할 수 있고, 서 있는 그 자리에서 부처를 이룰 수 있다."[38]

스님은 사람들뿐만 아니라 당신과 인연된 축생들, 무정물까지도 자비로운 마음으로 거두셨다. 스님이 법을 설하는 도량에서는 나무가 푸르렀고, 꽃이 만개했으며, 성품이 악한 축생까지도 순한 중생으로 변모되었다. 혹 어떤 이는 깨달은 승려가 신통을 부리는 것으로 오해할까 염려도 된다.

허운은 절대 자신의 이익이나 명예를 추구하지 않은 진정한 보살이었다. 분별심을 일으켜 편견으로 보지 않았고, 중생의 이익을 우선으로 하는 평등과 자비심이 있었던 것이다. 중생을 인도하고 교화하여 이고득락離苦得樂하게 하는 이타심의 발로이기 때문이다. 이는 기적이나 신통이 아닌 중생에 대한 스님의 애틋한 연민심이 축생과 무정물에까지 미친 것이라고 할 수 있다.

허운이 법을 설하자 우담화가 핀 것을 상징하는 축성사의 우화대(왼쪽)

---

[38] 1953년 상해 옥불사 선칠禪七 법문 중 일부.

허운의 선사상[39]

불교 수행의 네 가지 방법

허운의 가르침은 선에 관한 것만이 아닌 모든 수행을 아우른다. 도를 깨치는 선결 조건으로 네 가지를 제시하였다.

첫째, 인과를 깊이 믿어야 한다.

"만약 인과를 믿지 않고 함부로 행동하면 수행에 성공하지도 못하고, 삼악도의 고통이 뒤따른다. 『능엄경』에 이르기를 '원인이 참되지 못하면 결과도 비뚤어진다'고 하였다. 따라서 좋은 원인을 심으면 좋은 결과를 맺고 악한 원인을 심으면 악한 결과를 맺는다. 과보의 상응은 털끝만큼도 어긋나지 않고, 결정된 업은 실재하므로 피하기 어려운 법이다. 우리는 어디에 처해 있든 그때그때 삼가고 두려워하여, 그릇된 원인을 만들지 말아야 한다."

---

39) 허운의 선사상 장에서는 一誠, 『應無所住 虛雲老和尙開示錄』(雲居山 眞禪如寺) / 惟升, 『虛云老和尙的足跡』(鷄足山:虛雲禪寺, 2003) / 呂寬賢 편역 『虛云老和尙』(香港:香港佛經流通處, 1993) / 何明棟, 『虛云和尙傳』(北京:敎文化出版社, 2000) / 『十難四十八奇』(保林社, 1992) / 대성스님 역 『참선요지』(여시아문, 1998)와 『방편개시』(여시아문, 1999) / Zhiru 「염불시수, 허운과 현대 중국불교의 화두 참구」(서울:간화선국제학술대회,2010) 등을 참고하였음을 밝혀 둔다.

둘째, 계율을 엄격히 지켜야 한다.

"계율은 무상보리無上菩提의 근본이요, 계로 인하여 비로소 선정이 생기고, 선정으로 인해 지혜가 생긴다. 계를 지키지 않고 수행한다는 것은 있을 수 없는 일이다. 계를 지키지 않으면 많은 삼매를 닦는다 하여도 속세를 벗어날 수 없으며, 비록 지혜와 선정이 앞에 나타날지라도 사마邪魔와 외도에 떨어질 것이다. 수행자는 계를 지키는 것이 매우 중요하다. 계를 지키는 사람은 천룡天龍이 옹호하고, 사마와 외도들이 공경하고 두려워하지만, 계를 지키지 않는 사람은 귀신들이 큰 도적이라고 하면서 그의 발자취를 쓸어 버린다."

셋째, 굳은 신심을 지녀야 한다.

"무슨 일을 하든 신심이 없으면 잘할 수 없다. 생사生死에서 해탈하려면 반드시 견고한 믿음을 지녀야 한다. 부처님께서 '온갖 법문은 중생의 마음병을 다스리기 위한 것이다'라고 하셨다. 우리는 마땅히 부처님의 말씀이 참된 것이라고 믿고, 모든 중생이 성불할 수 있다는 것을 믿어야 한다. 우리가 지금까지 성불하지 못하는 것은 필사적으로 공부하지 않기 때문이다. 그대가 노력하지 않고는 성불이란 있을 수 없다. 따라서 우리는 자신이 본래 부처임을 깊이 믿고, 법에 어긋나지 않게 수행하면 반드시 성불할 수 있다는 것을 믿고 마음에 깊이 새겨야 한다."

넷째, 수행의 길을 정했으면, 반드시 일관되게 나아가야 한다.

"신심이 갖추어졌다면, 이것저것 하면서 바꾸지 말고 그 한 가지를 밀고 나가야 한다. 염불·주력·참선 어떤 것이든 좋다. 하나를 일관되게 수행하되 물러서거나 후회하지 않아야 한다. 어떤 이들은 마음을 정하지 못하고 어제는 어떤 선지식이 염불이 좋다고 하니까 염불해 보다가, 오늘은 다른 선지식이 참선이 좋다고 하니까 또 며칠 참선을 한다. 동쪽으로 갔다 서쪽으로 갔다 하면서 한평생을 허비하다 죽으면 지금까지 해 놓은 수행이 모두 허송세월 되어 해탈에 도움이 되지 못한다. 그러니 반드시 한 가지를 일관되게 수행해 나가야 한다. 신심만 견고하다면 진언을 염하든 참선하든 아미타불을 염하는 그 어떤 것이든 간에 정각을 완성시킬 수 있다. 모든 것은 동일한 법이다."

다른 법문에서도 스님은 이런 말씀을 하셨다.
"부처님께서 설하신 법은 모두 방편문이며, 어떤 것이든 성불할 수 있는 지름길이다. 다만 그 사람의 근기에 적합한가 아닌가가 문제될 뿐이지, 법문의 높고 낮음이 있는 것이 아니다. 중국에 전해진 불교는 선·교·율·정토·밀교인데, 이 다섯 가지는 사람의 근기에 따른 것이므로 어느 한 가지만 수행해도 괜찮다. 한 수행법에 깊이 들어가는 것이 중요하므로 꾸준히 나아가면 반드시 성불할 수 있다."

스님께서는 일관된 수행이 선이었지만 방편으로 아미타불 염불이나 주력 등 여러 수행방법으로 가르침을 펼쳐 제자들을 지도하였다. 후대 허운의 제자들은 모두 참선 수행자만이 아니었다. 염불·선·주력·간경 분야에서 걸출한 최고의 지도자들이 배출되었던 것도 스승 허운의 폭넓은 사상에서 교육된 것임을 알 수 있다.

참선의 기본 조건

허운은 참선 수행자의 기본 조건으로 먼저 모든 인연을 쉬어 한 생각도 일으키지 않는 것이라고 하였다.

"참선의 목적은 마음을 밝혀 자신의 성품을 보는 것(明心見性)이다. 자기 마음의 오염이 없어지면, 자성自性의 참모습을 본다. 즉 오염이란 바로 망상과 집착이며, 자성이란 곧 여래의 지혜와 덕상德相을 말한다. 모든 부처님과 중생이 똑같이 여래의 지혜와 덕상을 가지고 있다. 망상과 집착을 여의는 그 자리가 바로 부처의 자리요, 그렇지 않으면 곧 중생이다.

다만 중생은 과거세 오래전부터 생사의 구렁텅이에 오랫동안 빠져 있어 번뇌가 가득하므로 그 자리에서 바로 망상을 벗어나 본래성품(本性)을 바로 보지 못한다. 그래서 참선이 필요한 것이다. 그러므로 참선하는 선결조건으로 먼저 망상을 버려야 한다.

그렇다면 어떻게 망상을 버릴 것인가. 곧 '마음을 쉬면 곧 깨닫는다(歇即菩提)'고 한 이 '쉼(歇)'이 중요하다.

초조 달마와 육조 혜능이 가장 긴요하게 말한 것은 '모든 인연을 한꺼번에 쉬어 버리고 한 생각도 일으키지 않는 것(屛息諸緣 一念不生)'이다. '모든 인연을 한꺼번에 쉰다'고 하는 것은 온갖 인연을 다 놓아 버린다(萬緣放下)는 뜻이며, 온갖 인연을 다 놓아 버리고 한 생각도 일으키지 말라(萬緣放下 一念不生)고 하는 것이다.

이 두 구절의 말씀은 참선하는 선결조건이며, 이 두 구절과 같은 경지에 이르지 못하면 참선은 단지 말뿐이고 성공할 수 없으며 문 안에 들어서는 것(入門)조차 불가능하다. 온갖 인연에 휩싸여 있고, 생각 생각이 생멸한다면, 어찌 참선한다고 할 수 있겠는가?

'온갖 인연을 다 놓아 버리고 한 생각도 일으키지 않는다'는 것이 참선의 선결조건임을 이미 알았는데도 어째서 행이 따르지 못하는가?

뛰어난 사람은 한 생각을 아주 쉬어 버려 곧바로 무생無生에 도달하고 바로 깨달음을 증득하여 털끝만큼도 얽매임이 없다. 그런 뒤 이理로 사事를 제거함으로써, 비로소 자성自性이 본래 청정하여 번뇌와 보리, 생사와 열반이 모두 거짓 이름일 뿐이며, 자신과 자성이 서로 다르지 않음을 알게 될 것이다.

이 세상 모든 만물은 모두 꿈과 같고 허깨비 같으며, 물거품 같고, 그림자와 같다. 나의 이 4대 육신과 산하대지는 자성 가운데 있는 것으로서 바다 가운데 뜬 거품(海中浮㳌)과 같아서 일어났다 사라지지만 본체를 장애하지 않는다.

비록 인간은 생로병사를 겪고 만물은 성주괴공成住壞空하는 현상을 따르지만, 마음에 어떤 것이든 애착하지 말고, 집착하지 말며 모든 것을 내려놓아라.

아프고 즐거운 일, 춥고 배고픈 일, 영화로운 일이나 명예로운 일, 좋고 나쁜 일이 생기는 것, 헐뜯음을 당하거나 칭찬받는 것 등 모든 것들에 마음 끌려 다니지 말고, 다 내려놓으면 바로 그때서야 '모든 인연을 놓아 버렸다(萬緣放下)'고 할 수 있다.

이렇게 모든 인연을 다 놓아 버리면 망상은 스스로 없어지고 분별이 일어나지 않으며 집착을 멀리 여의게 될 것이다. 여기에 이르면 한 생각도 일어나지 않게 되어 자성의 광명이 환히 드러난다. 이와 같이 말한 것이 참선하는 구비조건이다. 여기서 더욱 정진해 참구(參究)하면, 마음을 밝혀 성품을 볼 수 있게 될 것이다."

오로지 화두를 보라(看話頭)

"선종은 참선을 위주로 하고, 참선이란 마음을 밝혀 성품을 보는 것이다. 이는 바로 자기의 본래면목을 참구하는 것이니, 소위 '자성을 밝게 깨쳐, 본래성품을 사무쳐 지혜로 관觀하는 것(明悟自心 徹見本性)'이다.

당대와 송대 선사들은 한마디에도 바로 도를 깨쳤으며, 스승과 제자 사이에도 바로 이심전심이 이루어졌다. 즉 스승과 제자 간에 일상적으로 묻고 답하는 것도 그때그때 방편으로 속박을 풀어 주는 것에 불과하여, 스승이 제자에게 병에 따라 약을 준 것이다.

그러나 송대 이후 사람들은 근기가 하열해 아무리 일러 주어도 알아듣지 못한다. 비유해서 '일체를 놓아라(放下一切)'거나 '선도 악도 생각하지 말라(善惡莫思)'고 해도 놓지 못하며, 선을 생각하지 않으면 악을 생각하는 식이 되었다. 이렇게 근기가 하열한 시대가 되어 조사스님들은 어쩔 수 없이 독으로 독을 공격하는(以毒攻毒) 방법을 채택해 승려들에게 '공안을 참구하라' 또는 '화두를 보라'고 한 것이다.

심지어 하나의 죽은 화두(死話頭)를 물고 늘어지더라도 꾸준히 계속하여 한순간도 놓치지 않아야 공부에 진전이 있다. 마치 늙은 쥐가 나무궤짝을 뚫을 때 한 군데만 계속 파면 뚫어질 때까지 그만두지 않을 것이다. 이런 것은 한 생각(一念)으로 만 생각(萬念)을 제거하기 위한 목적으로 꼭 필요한 방법이다. 마치 나쁜 독이 몸 안에 있어, 칼로 째서 치료하지 않으면 살기 어려운 것과 같다.

옛적에는 공안이 많았으나, 오늘날에 와서는 오로지 화두를 보라(看話頭)고만 가르치고 있다. 즉 '이 송장을 끌고 다니는 자는 누구인가(拖死屍的是誰)', '부모에게 태어나기 이전, 어떤 것이 그대의 본래면목인가(父母未生前 如何是我本來面目)'라고 하는 화두를 보라는 것이다. 이 모두는 각각의 화두이지만 모두 동일한 것을 내포한다.

즉 '누가 경전을 암송하는가?', '누가 진언을 수지하는가?', '누가 식사를 하는가?', '누가 가사를 수하는가?', '누가 길을 걷고 있는가?', '누가 자고 있는가?', '염불하는 자는 누구인가?'에 주시한다면 모두 같은 이치이다.

이 '누구'에 대한 답은 마음이다. 말(話)은 마음에서 일어난다. 그리고 마음은 말의 머리(話頭)이다. 생각은 마음에서 일어나고 마음은 생각의 머리이다. 무수히 많은 일들이 마음으로부터 발생하고, 마음은 무수히 많은 일들의 머리이다. 실제로 화두는 한 생각의 머리이고, 생각의 머리는 다름 아닌 마음이다. 즉 한 생각이 일어나기 전, 그것이 화두이다.

화두를 응시하는 것이 마음을 응시하는 것이다. 태어나기 전 원래의 모습은 마음이다. 부모가 우리를 낳기 전의 원래 모습을 응시하는 것은 자신의 마음을 곰곰이 보는 것이다. 자기의 본성을 돌이켜 보는 것(反聞聞自性)이고, 관觀하는 자기 마음을 돌이켜 보는 것(反觀觀自心)이다. 이것이 '청정한 깨달음의 모습(淸淨覺相)'40)을 원만히 비추어 보는 것이다. '청정한 깨달음의 모습을 원만히 비추어 보는 것'이 곧 마음이며 '비추어 본다(照)'가 관觀이다.

마음이 곧 부처이며(心卽是佛), 부처를 염하는 것(念佛)이 곧 부처를 관하는 것(觀佛)이고, 부처를 관하는 것이 마음을 관(觀心)하는 것이다. 그래서 '화두를 보라'는 것이다. 어떤 이는 '염불하는 자는 누구인가(念佛是誰)'라는 화두를 보라고 하는데, 이것이 바로 '부처를 염하는 자기 마음을 관하라'는 것이다. 마음이 곧 성품이고, 깨달음이며 부처이다."41)

조고화두照顧話頭

"조고화두照顧話頭(화두를 비춘다)라는 것은 시시각각 밝고도 또렷한 일념으로 마음 빛을 돌이켜(回光)(한 생각이) 나지도 않고 없어지지도 않는 그 자리(不生不滅)

---

40) 청정각상은 곧 법계法界(Dharmaka-ya)이다.
41) 『虛雲和尙法彙』 - 開示 - 參禪的先決條件

를 반조返照하는 것이다. 원래의 자리, 원 자성自性을 되비추어 본다는 뜻이다.

태어나지도 죽지도 않는 본원자리, 즉 화두, 자기 본성을 듣기 위해 들음의 안으로 돌아가는 것이며, 또한 자기 본성을 듣기 위해 끊임없이 개별적으로 각각의 생각을 좇아 그대의 들음의 기능 안으로 돌아가는 것을 의미한다. '돌아가는 것'은 '되돌리는 것'이다. '들음'과 '밝힘'이 세속의 흐름 속에서 소리와 형상을 좇을 때, 들음은 소리를 넘어서지 못하고 봄은 형상을 넘어서지 못한다. 차별화가 생겨난다.

그러나 세속의 흐름에 거슬러갈 때 수행으로 돌아가 자기 본성을 본다. 그리고 '들음'과 '밝힘'이 더 이상 소리와 형상을 좇지 않을 때, 그때 이들의 공통된 근원이 미세하게 밝아진다. 그래서 '들음'과 '봄'은 서로 다르지 않다. 우리는 '화두를 명료히 지켜보는 것'과 '자기 본성을 듣기 위해 내면으로 들음에 돌아가는 것'이라고 불리는 것들을 보기 위해 눈을 사용하고, 듣기 위해 귀를 사용하는 것이 아님을 알아야 한다.

만약 눈과 귀가 그렇게 사용된다면 소리와 형상을 추구하게 될 것이고, 그리하여 감각적 대상에 마음대로 이끌리게 될 것이다. 이것을 '세속의 흐름에 순응하는 것'이라고 한다. 만약 태어나지도 않고 죽지도 않는 것에 머무르는 생각 생각의 특이성이 있고, 소리와 형상을 좇지 않는다면 이것을 속세의 흐름에 거스르는 것이라고 부른다. 이것은 또한 화두를 명료하게 지켜보는 것, 혹은 자기 본성을 듣기 위해 내면으로 돌아가는 것이라고 한다."[42)]

염불시수念佛是誰

예전 중국 선종 사찰을 순례하는 중에 당우 벽면에 붙어 있는 두 구절(對聯)을 많이 보았다. 바로 조고화두照顧話頭와 염불시수念佛是誰이다. 허운 스님 법문에서 자주 등장하는 화두는 바로 염불시수이다. 다음은 허운의 법문이다.

"화두에는 '만법이 하나로 돌아가는데, 그 하나는 어디로 돌아가는가(萬法歸一 一歸何處)'라든가, '부모로부터 태어나기 이전에 어떤 것이 본래면목인가(父母未生前 如何是我本來面目)' 등 여러 가지가 있다. 이렇게 화두 참구로는 여러 화두가 있지만 '염불시수(염불하는 자는 누구인가)'가 가장 보편적인 화두라고 생각한다.

무엇을 화두라고 하는가? 화話는 말이요, 두頭는 말하기 이전이니, 저 아미타불을 염念할 때 '아미타불'이라는 말은 화話요, 이를 염하기 전이 화두이다. 이른바 화두(말머리)란 곧 한 생각도 일어나기 전(一念未生之際)이니, 한 생각이라도 일어나면 이미 화미(話尾, 말꼬리)가 된다.

'염불하는 자는 누구인가(念佛是誰)'라고 할 때, 우리는 모두 자신이 하는 것으로 알고 있다. 그러면 입으로 염불하는 것인가, 아니면 마음으로 염불하는 것인가?

만약 입으로 염불한다면, 잠들었을 때 입은 그대로 있는데 왜 염불하지

---

42) 『虛雲和尙法彙』 - 開示 - 用功的入門方法

도량 벽에 붙어 있는 '염불시수'와 '조고화두' 글귀(허운이 열반한 강서성 영수현 진여사 도량) (위)
강서성 정안 보봉사 도량(아래)

않는가? 만약 마음으로 염불한다면, 또 그 마음은 어떻게 생긴 물건인지 아무리 헤아려도 알 수 없다. 이처럼 '누구인가'에 가볍게 의심을 일으켜야 하며, 거칠게 의심을 일으켜서는 안 된다. 미세하면 미세할수록 더욱 좋다.

언제 어디에 머물지라도 이 의정疑情을 붙들고 또렷하게 비추어 보되 마치 물이 땅 위로 끊임없이 흘러가듯(이 화두를) 보며, 다른 생각을 해서는 안 된다.

만약 의정이 있으면 따로 마음을 움직일 필요가 없지만 혹 의정이 없으면 다시 의심을 일으켜야 한다.

'염불시수' 네 글자 가운데 가장 중요한 것은 '수誰'이며, 나머지 세 글자는 그것을 늘려 말한 것에 지나지 않는다. '옷 입고 밥 먹는 자는 누구인가?', '해우소에서 볼일 보는 자는 누구인가?'라든가, '번뇌를 타파하려는 자는 누구인가?' 혹은 '알고 느끼는 자는 누구인가?'라고 해도 마찬가지이다. '누구인가(誰)' 화두야말로 실로 참선의 묘법이니, 언제 어느 때 무엇을 하든 간에 '누구인가' 하나를 들면 곧 쉽게 의정이 일어난다.

서 있든 걸어가든 앉아 있든 누워 있든 어떤 행을 하든 간에 이 '누구인가' 하나를 들면 쉽게 의정이 일어날 것이다. 절대 생각으로 헤아려서 알려고 하지 말라. 이 '누구인가' 화두는 참선의 묘법이라고 할 수 있다."[43]

---

43) 『虛雲和尙法彙』- 開示 - 用功的入門方法

선禪과 정토淨土

허운은 선사지만, 정토를 절대 격하하거나 근기가 낮은 자의 수행이라고 말하지 않는다. 다음은 허운의 법문이다.

"어떤 사람들은 '부처를 염하는 자가 누구인가?' 하는 일구의 화두를 든다. 한편 정토종 신자들은 아미타불을 끊임없이 염하는데, 화두를 드는 것보다 아미타불을 염하는 것이 훨씬 더 나을지도 모른다. 아미타불 염하는 것이 더 큰 복을 불러올 수 있기 때문이다."

허운은 송나라 초기 영명연수(904~975)의 선정일치禪淨一致를 거론하며 선과 정토에 차이가 없음을 다음과 같이 언급하고 있다.

"연수는 선종에서 크게 깨달은 분인데, 왜 그가 정토를 선양했겠는가? 깨달은 사람의 법은 원만하게 두루 통하기 때문에 참선도 도道이고, 염불도 도이며, 나아가 우리가 일을 하고 땅을 파는 것도 도이다. 연수는 말법시대에 근기가 하열한 사람을 제도하기 위해 정토를 널리 선양한 것이다."

허운은 아미타불 명호를 염하든 참선을 하든 그 어떤 것을 하든 간에 정각을 완성시킬 수 있으며 모든 것은 동일한 법이라고 하면서 선과 정토 수행은 같은 원리상에서 작용한다고 다음과 같이 말하고 있다.

"선이든 정토를 향한 염불이든 본래 모두 석가모니 부처님께서 친히 말씀하신 것이다. 도에는 본래 둘이란 없다. 중생의 근기에 따라 방편으로 중생을 교화한 것에 불과하다. 중국에서 8종의 종파로 나누어진 것도 당시 세상의 추세에 따라 대기설법한 것일 뿐이다. 만약 자기 본성을 체달한 사람이라면 어느 문門이든 모두 도에 들어가는 오묘한 문이오, 높고 낮음이란 있을 수 없다.

게다가 모든 법이 본래 서로 통하여 원융무애한 것이다. 예를 들어 어떤 사람이 망상 없이 오롯한 마음으로 아미타불을 염한다면 그것이 어찌 선을 참구하는 것과 같지 않다고 하겠는가. 또한 참선을 해서 조작造作, 시是·비非, 취取하고 버림捨, 너와 나, 능能과 소所 등 이분법적인 데 초월해 있다면 어찌 그것이 아미타불을 염하는 것이 아니라고 할 수 있겠는가. 선은 정토 속에 있는 선이고, 또한 정토는 선 안에 있는 정토이다. 본래 선과 정토는 상호 보완하는 작용을 한다."[44]

다음은 허운이 인광印光(1862~1940) 스님 열반 12주기 기념식에서 하셨던 법문이다. 선이든 정토든 모든 수행이 신심을 기반으로 깨달음의 경지에 이를 수 있음을 설파하고 있다.[45]

---

44) 『虛雲和尚法彙』 - 開示 - 用功的入門方法
45) 1952년 12월 「虛雲老和尚講於印光大師生四十二周年紀念」

"초심자에게 선과 정토는 두 개의 별다른 수행법처럼 보일 것이다. 그러나 구참 수행자들은 그것이 둘이 아님을 안다. 일구의 화두를 참구함으로써 생사의 흐름을 끊을 수 있는 것도 대신심大信心으로부터 발단된다. 화두를 참구해야 깨달을 수 있다는 신심을 굳게 가지고 참선해야 한다. 대신심을 바탕으로 화두를 참구하면, 수행자는 먹고 마시는 것조차 잊어버리게 되고 깨달음이 점점 무르익어 간다. 근진根塵이 탈락하고, 대용大用이 현전現前한다. 이는 아미타불을 염하는 자들에게 있어서 공부가 순숙되어 정토가 현전하는 것과 같은 것이다. 이에 화두를 드는 것이나 아미타불을 염

1942년 중경에서 식재息災법회를 끝내고 제자와 함께 찍은 사진(왼쪽)

1942년 중경에서 국민당의 부탁으로 식재법회를 끝내고
국민당 간부들과 함께 찍은 사진(허운은 맨 앞줄 왼쪽에서 두 번째)(오른쪽)

하는 것은 같은 것이다. 이 경지에 이르면 이理와 사事가 원융하고, 마음과 부처가 같으며, 부처와 중생이 하나로서 둘이 아닌 것이다. 그러니 선과 정토에 무슨 차별이 있겠는가."

유심론과 유물론

1942년 허운이 103세 무렵, 일본과 항전이 계속되던 때이다. 국민당 정부가 임시 수도를 중경重慶으로 옮긴 뒤, 임자초林子超와 중앙각부 장관들은 나라의 안녕을 기원하는 법회를 하기로 모의했다. 이에 굴영광屈映光과 장자렴張子廉 거사가 운문산의 허운을 찾아와 중경으로 모시고자 하였다. 허운은 겨울에 운문산을 떠나 다음해인 1943년 1월 자운사慈雲寺와 화엄사에서 식재息災법회를 거행하였다. 1개월간에 걸쳐 법회가 끝나고, 허운은 임 주석과 장 위원장 등 국민당 요원들에게 초대되어 유물唯物과 유심唯心에 관한 법을 설하셨다. 당시 국민당 요원들 중에는 기독교 신자가 많았기 때문에 이런 법문을 하셨던 것으로 보인다.

"삼계는 오직 마음에서 비롯된다. 즉 삼계는 모두 망식妄識에 의해 일어난다. 유물이라는 것이 없는데, 모두 마음으로 말미암아 망념이 일어나고 그 다음 천만 가지의 유물이 생겨난 것이다. 즉 진심이라는 것도 역시 망물妄物이 있기 때문에 상대적으로 생겨난 거짓 이름에 지나지 않는다. 결국 진심 역시 진짜가 아닌 것이다.

대해大海는 물도 있어야 하고, 또한 파도도 있어야 한다. 잔잔하고 고요한 것을 물이라 하고, 세차게 용솟음치는 것을 파도라고 부른다. 파도가 잔잔하고 고요할 때는 물이라고 하는 것조차 존재하지 않지만, 용솟음치는 파도가 있음으로 해서 잔잔한 것을 물이라고 부른다. 세차게 용솟음치는 현상이 없었다면 파도라는 거짓 이름조차 생겨날 수 없으며 잔잔함(水)이라는 가명조차 생겨날 수 없다. 즉 잔잔한 물이나 파도는 모두 인간이 마음대로 만들어 낸 거짓 이름에 불과하다.

물고기는 물(水)을 공기라고 부를지도 모른다. 물(水)은 물物이고, 마음이다. 유有는 곧 무無요, 색色은 곧 공空이며, 망妄은 곧 진眞이요, 번뇌는 보리요, 중생이 곧 부처다.

어리석은 미혹에 빠져 있을 때 마음(唯心)은 물(唯物)이고, 무는 유가 되며, 공은 색이고, 진은 망이며, 보리는 번뇌가 되고, 부처는 중생이 된다. 마치 물이 세차게 용솟음칠 때 파도가 되는 것과 같다. 그러므로 파도는 수만 가지 사물과 같은 것이다.

그런데 깨달았을 때는 물과 마음은 하나요, 색과 공이 하나이며, 망과 진이 하나이고, 번뇌와 보리가 하나이며, 중생과 부처가 하나이다. 이는 마치 파도가 용솟음치지 않을 때 잔잔한 물이 되는 것과 같은 이치이다.

어리석은 미혹에 빠져 있기 때문에 사물에 있어 유有·색色·망妄·번뇌·중생 등의 상대적인 말이 생겨나고, 마음에 있어서도 무無·공空·진眞·보리·부처 등 상대적인 말이 생겨난 것이다. 이러한 낱말들은 모두 거짓 이름에 불과하다.

어리석은 미혹이 없다면 사물의 거짓 이름조차 생겨날 수가 없고, 마음에도 거짓 이름이 생기지 않는다. 따라서 유심唯心과 유물唯物, 유신有神과 무신無神은 모두 마음에서 분별해 낸 것에 불과하다.

자신의 심성을 밝힘(明心性), 청정한 본연(淸淨本然)이라고 하는 것은 중생 모두가 본래 가지고 있는 여래의 진실한 체體와 덕상德相이다. 단지 망념이 일어나면서 사사물물을 만들어 낸 것이다. 그래서 불교에서는 심성心性을 각성覺性·법신法身·실상實相이라고 한다."

간절한 마음으로 정진하라[46]

대사大事를 이루지 못한 것이 가장 괴로운 일

옛 사람들이 이런 말을 하였습니다.

'늙기를 기다려 도를 배우려 하지 말라.

외로운 무덤은 모두 젊은 사람들 것이니!'

늙으면 온갖 고통이 따릅니다.

귀는 잘 들리지 않고, 눈은 침침하며, 팔다리는 힘이 없고,

잠도 잘 오지 않으며, 잘 걷지도 못합니다.

젊은 사람들은 늙은이의 이런 고통을 잘 알지 못할 것입니다.

나도 젊을 때는 여러분과 마찬가지였습니다.

---

[46] 1953년 상해 옥불사 선칠 법문 / 필자의 소견 없이 스님의 말씀 그대로 옮겨온다.

늙어서 멍청해진 것을 보면 도대체 내가 마음에 들지 않습니다.

예전에 내가 젊었을 때,

노인들에게 무슨 말을 해도 이해 파악하지 못하고,

눈물 콧물 흐르는 것을 보면 싫어하는 마음이 생기고,

노인과 함께 사는 것조차 겁이 났었습니다.

지금 내가 늙고 보니 비로소 노인의 고충을 알겠군요.

사람은 늙으면 하루가 하루 같지 않습니다.

나는 (중국 공산당이 사찰에 난입해 스님들을 죽이고 나를 고문한) 1951년

운문사변을 겪고 난 후부터는 사는 게 사는 것 같지가 않고,

하루가 길게 느껴집니다.

병석에 누워 있게 되어 마음은 늘 고뇌에 차 있습니다.

아무래도 나는 도업道業을 이루지 못하고 죽어

상해 옥불사의 옥불玉佛
옥불사는 허운 당시
수많은 승려들이 상주했던 도량이다.
현재도 상해의 대표되는 도량이다.

다음 생에 또 윤회해 다시 태어나야 할 것 같습니다.
'아무 것도 가져가지 못하고, 단지 업業만 남아 생을 따른다
(萬般將不去 惟有業隨生)'고 한 위산의 경책 글귀가 생각납니다.
젊어서 닦지 않고 늙어서야 이것을 알게 되었습니다.
우리 모두 당당하게 승려의 모습을 하고 있어 용모가 근사합니다.
이것은 다 숙세에 선근을 심었기 때문에
이런 특별한 과보를 받은 것입니다.
그러니 절대로 이 선근을 잃어버려서는 안 됩니다.
동산양개 화상이 어느 승려에게 물었습니다.
"세간에서 무엇이 가장 괴로운 것인가?"
"지옥이 가장 괴롭습니다."
"그렇지 않네. 이 옷을 입고 대사大事를 이루지 못한 것이
가장 큰 괴로운 것이라네."
큰 일을 이룬다면 지옥에 갈 원인을 만들지 않았으므로
괴롭지 않은 법이고, 자기 마음을 알지 못하는 것이 큰 괴로움입니다.
큰 일을 이루고자 하면 힘써 정진해야지
어영부영 세월만 보내면 안 됩니다.
낮에 인연에 응하고 일을 만날 때 주인 노릇을 해야 합니다.
낮에 주인 노릇을 할 수 있어야
비로소 꿈속에서도 주인 노릇을 할 수 있고,
나아가 병중에도 주인 노릇을 할 수 있습니다.

이렇게 주인 노릇을 할 수 있으려면
평상시에 억지로라도 주인 노릇을 하여야
도를 깨쳐 생사를 끝내기 쉽습니다.
하지만 도를 깨치지 못하면 생사는 끝나지 않습니다.
깨달음을 이루는 일은 어렵지 않습니다.
즉 생사심이 간절해야 하고, 꾸준하게 도를 구하고자 하는
견고한 마음을 갖추어 죽을 때까지 물러서지 않아야 합니다.
금생에 물러서지 않으면 비록 깨닫지 못하더라도
다음 생에 다시 노력하면 될 터이니 어찌 깨닫지 못하겠습니까?
힘써 정진하고 참회하며 굳은 마음만 있으면 됩니다.
오늘 이랬다 내일 저랬다 하지 마십시오.
한 문門에 깊이 들어가 수행해야 합니다.
그대들이여, 간절한 마음으로 정진해야 합니다.

오롯한 일념으로 정진하라

옛날 장주의 어떤 가난한 사람이 출가하고 수행하였습니다.
힘들어도 다니지 않은 곳이 없었으며
오로지 힘든 노동을 하며 지냈습니다.
하루는 어느 객스님이 와서 머물게 되었는데,
스님이 바쁘게 일하는 모습을 보고, 어떤 공부를 하는지 물었습니다.
"저의 하루하루는 이렇게 힘든 일을 하는 것입니다.

스님께서 수행 방법을 가르쳐 주십시오."

"'염불하는 자는 누구인가(念佛是誰)'를 참구하십시오."

스님은 하루 종일 '누구인가' 화두를 들었습니다.

이후 일을 하지 않고, 바위굴에 숨어서 수행했는데,

풀 옷을 입고 나무 열매를 먹었습니다.

이 스님에게는 어머니와 누나가 있었는데,

몇 년간 스님을 보지 못해 누나가 동생을 찾아왔습니다.

누나는 스님에게 공양하기 위해

베 한 필과 약간의 음식을 가져왔습니다.

그런데 바위굴 근방에서 아무리 이름을 불러도 대답하지 않자,

누이는 바위 위에 음식과 옷가지를 두고 돌아갔습니다.

13년 후에 누나가 다시 그곳에 가 보니,

13년 전 옷감이 그 자리에 그대로 있었습니다.

어떤 사람이 스님이 수행하던 부근으로 잠시 피난 왔다가

먹을 것이 없어 배고파하는 중에 스님을 만났습니다.

스님께서 돌 몇 개를 주워다가 솥 안에 넣고 한참을 삶더니,

꺼내서 보니 마치 맛이 감자와 같았다고 합니다.

몇 년 후, 스님은 수행이 어느 정도 되었다고 판단하고,

중생을 제도하기 위해 마을로 내려갔습니다.

마을에 머문 지 얼마 안 되어 사람들에게 도인으로 알려지게 되었고,

황제에게까지 부름을 받아 '국사' 호칭을 받았습니다.

여러분, 이 스님은 출가 이래 쓸데없는 일에 마음 쓰지 않고,
줄곧 도심이 견고하였습니다.
13년 동안 옷감 두고 간 것조차 모를 만큼 화두를 들었고,
옷이 떨어져도 신경 쓰지 않았습니다.
우리도 이렇게 공부할 수 있는지 자문해 보아야 합니다.
하루 종일 '누나가 왔는데 신경 쓰지 않으려고 해도 되지 않는다' 는
말만 늘어 놓아서는 안 됩니다.
대부분의 승려들은 번뇌 망상이 멈추고
조용해진 뒤에 수행이 된다고 말합니다.
좌선할 때, 옆 사람이 조금만 움직이거나 소리 내면
그 사람을 한번 돌아보지 않습니까?
여러분은 다만 흙 찌꺼기를 제거하고 물만 남겨 두십시오.
물이 맑으면 달은 저절로 나타납니다. 화두를 잘 참구하십시오.

염불시수와 화두

화두가 잘 들리지 않고 망상과 혼침에 자주 빠지는 사람은,
'염불하는 자는 누구인가(念佛是誰)' 할 때의
그 '누구인가(誰)' 를 보십시오(看).
망상과 혼침이 적어질 때까지 보다가
'누구인가' 가 사라지지 아니할 때,
곧 그 한 생각이 일어나는 곳을 보십시오.

한 생각도 일어나지 않을 때가 되면 무생無生이니,
능히 일념一念에 무생을 보게 될 것입니다.
이를 말해서 '화두를 본다(看話頭)'라고 하는 것입니다.

모든 반연을 쉬고 내려 놓아라

우리의 마음은 본래 청정하고 본래 구족하며 두루 원만하여
묘용妙用이 항하사恒河沙와 같이 한량이 없어
삼세제불三世諸佛과 조금도 다름이 없습니다.
다만 선악善惡을 생각하지 않으면 그 자리에서 바로 성불하고,
앉아서 평온의 경지에 이를 수 있습니다.
이러하거늘 무슨 행을 닦을 것이며, 무슨 수행이 필요하겠습니까?
그러나 오랜 옛적부터 생사에 윤회하여 번뇌로 가득 차 있으며
마음이 외부로 치달아(向外馳求)
망상과 집착을 벗어나지 못하고 있습니다.
처음에는 자기 마음이 곧 부처인 줄 알지 못하고,
안 다음에라도 부지런히 정진해 깨달으려고 하지 않으며
자기 마음의 주인 노릇을 하지 못하고 있습니다.
또 큰일을 도모하기 위해
작은 것을 과감하게 버리는 결단력(壯士斷腕)도 없어,
오래도록 망상과 집착 속에서 허송세월을 보내고 있습니다.
조금 근기가 있는 사람들도 종일토록 수행하면서도

유심有心을 여의지 못하고,

조금 근기가 부족한 사람들은 탐진치애貪瞋痴愛가 너무 강해서

도를 등지고, 도와 멀어져 있습니다.

이러한 두 부류의 사람들이 생사에 유전流轉해 그칠 때가 없으니,

어찌 이들에게 수행이 필요치 않다고 하겠습니까.

그러므로 대장부는 바로 알아차려서 모든 만물이 꿈과 같고,

허깨비 · 물거품 · 그림자와 같아서 자성自性이 없다는 것을 알아야 합니다.

그리하여 사람(주관)과 법(객관)이 문득 공해지고(人法頓空)

모든 반연을 쉬고 내려 놓음으로써 일념이 만년이 되고(一念萬年)

곧바로 무생無生에 이르러야 합니다.

정밀하게 수행하라

생사를 뼈아프게 생각하고 부끄러운 마음을 내어 정진하며,

스승을 찾아 도를 물으며 힘써 화두를 참구해야 합니다.

항상 선지식을 구하여 수행 방법을 지시 받고

옳게 수행하고 있는지, 자신의 수행이 잘못된 것인지를 가려야 합니다.

그리고 '끊듯이(切), 갈듯이(磋), 쪼듯이(琢), 다듬듯이(磨) 하고',

'강물로써 씻고 가을볕을 쪼여',

점점 정밀하고 순수하며(精純), 맑고 깨끗한(皎潔) 경지로 나아가야 합니다.

시절인연이 오면 물이 흐르는 곳에 자연히 도랑이 생긴다

참선하는 데 있어 가장 중요한 것으로

생사심生死心(생사가 목전에 걸려 있다고 하는 절박하고 간절한 구도심)이 있어야 하고,

아울러 장원심長遠心(꾸준히 밀고 정진해 가는 마음)을 가져야 합니다.

생사심이 간절하지 않으면 의정疑情이 일어나지 않고,

공부가 제대로 향상되지 않습니다.

한편 장원심이 없으면 마치 하루 볕을 쬐고 열흘 추운 것처럼

공부가 조금도 진전되지 않는 법입니다.

반드시 간절한 마음이 있어야 의정이 일어나는데,

의정이 일어날 때는 번뇌를 제거하려고 하지 않아도 저절로 쉬게 됩니다.

그러다가 시절인연이 오면

자연히 물이 흐르는 곳에 도랑이 생기게 되는 법입니다.

헛되이 세월 보내지 말고 지금 바로 참구하라

지금 여러분은 차를 마시고, 떡을 먹고 있습니다. 알겠습니까?

만약 알지 못한다면, 이 자리에서 차를 마시는 자는 누구입니까?

떡을 먹는 자는 누구입니까?

옛 사람들은 생각 생각이 도와 하나가 되었고,

한 걸음 한 걸음이 무생無生이었으며,

한 가지를 알려주면 그 자리에서 깨달았습니다.

요즘 사람들은 계행이 청정하지 못하고,

작은 일에도 쉽게 동요되며,

생각 생각이 생멸을 거듭하고, 업장이 두터우니

어떻게 법을 깨달으며 어떻게 남을 교화할 수 있겠습니까?

그러니 여러분은 일체를 놓아 버려서(放下一切)

번뇌 망상이 자신의 참된 성품을 더럽히지 않도록 해야 합니다.

옛 사람이 이런 말씀을 하였습니다.

'다만 범부의 마음만 없애라.

따로 성인의 깨달음이 있는 것이 아니다(但盡凡情 別無聖解).'

여러분은 지금 땅콩을 먹고 있는데,

땅콩의 향과 맛을 안다면 곧 범부입니다.

그러면 어떻게 해야 이 유무有無, 시비是非의

두 길을 떠날 수 있겠습니까?

이것이 승려의 본분사本分事입니다.

또한 비록 이러한 견해에서 벗어나 있다고 할지라도

귀신의 소굴에서 살 궁리를 꾸미고 있는 것과 같으니

여러분은 자세히 참구해야 합니다.

몸과 마음을 놓아 버리십시오(放下身心).

헛되이 세월 보내지 말고 지금 바로 참구하십시오.

**보리는 곧 깨달음이고, 깨달음이 곧 도이며,
도는 곧 묘심妙心입니다.**

이 마음이 본래 원만구족하여 조금도 모자람이 없음을 알고,

지금 자기의 성품 가운데서 찾아야 하며, 자기를 긍정해 발심해야 합니다.

만약 자기 스스로 발심하지 않으면

비록 석가모니 부처님이 다시 출세한다고 해도

그대들을 어찌 할 수 없습니다.

옛 사람이 이런 말을 하였습니다.

'5관五觀47)을 밝히면 금金도 소비할 수 있지만,

3심三心을 요달하지 못하면 물도 소화하기 어렵다.'

출가자도 의식주로부터 완전히 자유로울 수는 없지만,

도를 구해 생사에서 벗어나려고 해야 합니다.

거짓을 빌어 참성품을 닦아야 하기 때문에

의식주에서 완전히 벗어날 수 없습니다.

그러나 '수행'이라고 하는 이 일을 잠시라도 놓치면,

승려들은 죽은 사람이나 마찬가지입니다.

---

47) ① 計功多少(계공다소) 量彼來處(양피래처) 내 공부 돌아보며 음식 온 곳을 생각하네.
② 忖己德行(촌기덕행) 全缺供養(전결공양) 내 덕행이 온전히 공양을 받을만한가.
③ 防心離過(방심이과) 貪等爲宗(탐등위종) 마음을 굳게 지켜 탐진치 삼독을 여의고,
④ 正思良藥(정사양약) 取療形枯(취료형고) 몸을 치료하는 좋은 약으로 생각하며
⑤ 爲成道業(위성도업) 應受此食(응수차식) 도업을 이루고자 이 음식을 받는다네.

수행자는 어디서 무슨 일을 하든 간에 경계에 끄달리지 말아야 합니다.

인因을 닦아 과果를 받는 것은

밭에 씨앗을 뿌리면 물이 모를 자라게 하는 것처럼,
지혜의 물이 마음 밭을 윤택하게 합니다.
생각 생각마다 도道에 머물러 있으면, 처처가 도량 아님이 없습니다.
'마음을 잘 쓴다'는 것은 마음 밭에 무명초가 자라지 않고,
처처에서 항상 지혜의 꽃이 피어나는 것과 같습니다.
이왕 사람 몸을 받아 이 세상에 태어났고, 불법도 만났으니
힘써 수행할 일만 남았습니다. 헛되이 세월만 보내지 마십시오.

배우는 하나의 몸으로써 남자가 되었다가
문득 여자가 되기도 하고,

관리가 되었다가 노비가 되기도 합니다.
가난뱅이가 되었다가 부자가 되기도 하고,
귀한 사람이었다가 천한 사람도 되는 등
갖가지 모양으로 변할 수 있습니다.
비록 여러 가지 형태의 모양으로 바꿀 수 있지만, 한 사람의 배우입니다.
이처럼 우리의 8식 아뢰야식은 배우와 같은 것입니다.
중생의 색신은 무대 뒤의 인물과 다름이 없습니다.
이 배우를 알면 무슨 일을 해도 좋은 법입니다.

경계를 따라 좋고 싫은 마음을 내지 마십시오.
처처處處가 다 도량입니다. 마음이 좋으면 처처가 극락이요,
마음이 편치 않으면 처처가 지옥인 것입니다.

갖가지 법문이 모두 한 마음을 벗어나지 않습니다.
한 법에 통하면 만법에 통하게 되고 두두물물이 다 원융하지만,
한 법에 통하지 못하면 만법에 통하지 못하고
두두물물이 어두운 법입니다.
한 마음이 나지 않으면 만법이 다 갖추어집니다.
이와 같이 자기 마음을 항복받을 수 있으면
참선하든, 염불하든, 간경하든, 설법하든,
세간에 처해 있든, 출세간에 처해 있든 간에
모든 것이 도道이며, 어디에 처해도 무생無生이고,
어디에 있어도 무념無念입니다.

규범淸規, 계율이란 본래 좋고 나쁜 것이 없습니다.
단지 사람이 좋고 나쁠 뿐입니다.

수행에는 특별한 방법이 없습니다.
단지 수행의 노두路頭(시작점)를 인식하면 됩니다.
노두를 인식했다면 생사가 일제히 정지됩니다.

우리 종문의 수행방법은

오로지 화두 하나를 가지고 밤낮 여섯 시간씩,

마치 흐르는 물처럼 하여

화두가 중간 중간에 끊어지지 않게 하는 것입니다.

마음은 성성역력하여 어리석음에 빠지지 않고,

일반적인 세속의 지식을 알려고 하지 않으며,

성인의 해석조차 단칼로 베어야 합니다.

예전에 계족산 실단사의 스님은 출가한 뒤로

행각하면서 선지식을 찾아다녔습니다.

하루는 여관에 하룻밤을 묵기 위해 들어갔는데,

벽 너머로 두부 집 여자가 이런 노래를 불렀습니다.

"장 씨 집 두부요, 이 씨 집 두부요, 베갯머리에서 생각은 백천 가지.

내일 아침 되면 그전처럼 만들고 말 것을……."

마침 스님이 좌선하고 있다가 이 여자의 노랫소리를 듣고 깨달았습니다.

이런 점을 볼 때, 옛 사람들이 어떻게 공부했는지 알 수 있습니다.

결코 일정 시간 동안 선방에 앉아 있어야 공부가 되고,

깨닫는 것은 아닙니다.

오롯이 '수행하고 공부해야 한다' 는 마음가짐이 중요합니다.

여러분, 세월만 헛되이 보내지 마십시오.

그렇지 않으면 내일 아침 예전처럼 똑같은 두부를 만들게 될 것입니다.

만약 처음 공부 시작할 때, 화두가 잘 들리지 않는다고

절대 조급하게 서두르면 안 됩니다.

오롯이 온갖 생각을 다 비워 버리고 면밀하게 살피고 관觀해야 합니다.

망상이 찾아온다고 해도 오거나 말거나 내버려 두고,

전혀 그것에 상관하지 않으면 망상은 자연히 쉬게 됩니다.

즉 생각이 일어남을 두려워할 것이 아니라,

알아차림이 늦는 것을 두려워해야 합니다(不怕念起 只怕覺遲).

망상이 오면, 항상 깨어 비춤(覺照)으로써 힘껏 이 화두를 붙들고,

혹 화두를 놓치게 되면, 즉시 다시 화두를 들면 됩니다.

처음 한두 시간 좌선할 때, 망상을 잘 다스리면

시간이 지날수록 화두가 힘을 얻습니다.

우리는 절대로 옳고 그름을 따지는 마음을 내지 말아야 합니다.

또한 나와 남이라는 분별심도 일으켜서는 안 됩니다.

제불과 보살이 남을 위해 일하는 것처럼 우리도 그렇게 행한다면,

깨달음의 씨앗이 도처에서 생겨나고,

훌륭하고 아름다운 행의 과실을 바로 거두게 될 것입니다.

그러면 번뇌는 자연히 우리를 결박하지 못할 것입니다.

초발심자는 생사生死를 아프게 생각하고,

크게 부끄러운 마음을 내며, 모든 인연을 통째로 놓아 버려야

비로소 공부에 힘을 얻을 수 있습니다.
혹 놓아 버리지 않으면 생사는 결코 끝낼 수 없습니다.
무시이래로 지금에 이르기까지 오욕칠정에 미혹되어
하루 종일 온통 성색聲色 가운데서 날을 보내면서
자신의 본각 자성을 모르고 있습니다.
그래서 고해에 빠져 허덕이고 있는 것입니다.
지금 우리는 세간의 일체사가 모두 고뇌임을 이미 알고 있으니,
마음껏 놓아 버리십시오. 그 자리에서 성불하십시오.

해제라는 것도 결제라는 것도 없는 법입니다.
일구의 화두를 참구하여 깨달음을 얻기까지가 결제 기간입니다.
지금 여러분 깨쳤습니까?

본묘각심本妙覺心을 밝게 해야만 견성성불할 수 있습니다.
만약 마음의 경계를 밝게 하지 않으면 부처가 될 수 없고,
마음의 경계를 밝게 하려면 반드시 선도善道를 행해야 합니다.
하루 동안 악한 짓 하지 말고, 모든 선한 일만 받들어 행한다면
복덕은 저절로 증장할 것입니다.
다시 일구의 화두를 보태어 시시각각 끌어올려 잡념이 생기지 않게 되면
그 자리에서 성불하게 됩니다.

004
허운의 선사상은 지금도 전개되고 있다

— "다투지 않고[不爭], 탐하지 않으며[不貪], 구하지 않고[不求], 사사롭지 않으며[不自私], 이기적이지 않고[不自利], 거짓말하지 말라[打妄語]." - 도륜

— "부처님께서 설한 모든 가르침은 '행行' 자 하나로 모아질 수 있다. 범부로부터 성인에 이르는 것도 행이요, 성인으로부터 부처가 되는 것도 행이다. 행이 없다면, 어떤 것도 이룰 수 없다. 그러면 무엇을 실천해야 하는가? 그것은 중생에게 이익을 주고, 교화시켜 국토를 장엄하는 데 있는 것이다." - 본환

— "수행이란 단지 선에만 국한되는 것이 아니라 염불·간경·교학·참선 등을 총괄한 것이 불교 수행의 전부이다. 부처님의 모든 가르침은 선정을 떠날 수 없으므로, 선을 강조하는 것이다. 생활선이 요구하는 바는 단지 선을 움직이는 가운데 실행하는 것만이 아니라 생활의 모든 면에 있어서 실행하는 것이다." - 정혜

— "시대가 바뀌었으므로 불교는 독립적인 품격을 유지하면서 불교협회를 관리하고, 통일적인 규범을 만들며, 투명한 단체가 되어야 한다. 또한 인재 양성은 불교의 미래를 결정하는 것으로 옛것을 따르면서 현대에 맞는 교육 체제로 방향을 전환해야 한다." - 일성

허운의 선사상은 지금도 전개되고 있다
도륜 · 본환 · 정일 · 불원 · 정혜 · 일성 · 관정

허운의 1세대, 2세대 제자들의 전법활동

허운은 선종의 5가 중 임제종과 조동종 법맥을 받았지만, 또한 그 이외 법맥이 끊겼던 위앙종 · 법안종 · 운문종을 되살렸다. 공산혁명으로 인해 중국 불교는 큰 법난을 겪었다. 1949년 이래 중국 승려들은 강제로 환속당하거나 노동자로 전락하였고, 수감되기도 하였으며 해외로 도피하였다. 한편 문화대혁명 기간에 엄청난 탄압을 받으면서도 두타행으로 이를 극복한 승려들이 있는 반면, 잠시 문화대혁명 기간 동안 재가자로 머물다 1970년대 말 종교자유정책으로 인해 재출가한 이들도 있다.

현 중국 선종 사찰 조사전에는 허운의 사진과 형상이 모셔져 있지 않은 곳이 없을 정도이다. 또한 사찰 내에 허운기념당 당우가 있는 곳이 매우 많다. 그만큼 근 · 현대 중국 선종사에서 허운의 위치는 매우 크다고 할 수 있으며, 선종 승려들은 대부분 허운의 법맥이다. 근래까지 생존했던 분들과 현재 생존해 있는 허운의 제자들을 몇 분 소개하고자 한다.

도륜度輪(1918~1995)

도륜의 법명은 안자安慈, 자字가 도륜이다. 1956년 4월 9일 허운에게 위앙종의 제9대 법을 받고 허운으로부터 선화宣化라는 호를 받았다.

108세의 허운이 남화사와 대각사를 중건할 무렵, 옆에서 함께 도와주던 제자들이 잇따라 입적하고, 당대의 선지식인 인광·제한·태허 등 대법사들도 입적하였다. 허운은 수계식이나 큰 불사가 있을 때마다 불교를 부흥시킬 인재가 나오길 부처님께 기원했다. 이런 간절한 마음이 있을 때, 남화사에 30세의 청년승려가 찾아왔다. 그 승려가 도륜이다.

도륜은 1918년 길림성 쌍성현雙城縣 출생으로 15세에 하얼빈의 삼연사三緣寺 상지常智 화상을 의지해 출가했다. 어린 나이에 선정을 닦은 공덕으로 한 번만 책을 보아도 다 암기했으며 경전 이외 유학까지 폭넓게 공부해 마쳤다. 18세에 모친이 세상을 하직하자, 3년간 염불하며 시묘살이를 하였다.

『화엄경』에 절하고 정토참법淨土懺法으로 참회하며, 선정이 깊어 삼매가

 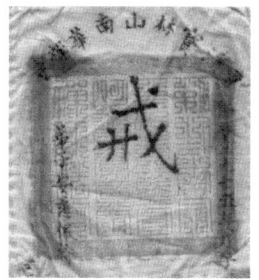

1956년 도륜이 홍콩 자여선사에서 점안식을 마치고 신도들과 찍은 사진 (왼쪽)
도륜이 남화사에서 스승 허운으로부터 받은 계첩 (오른쪽)

여일如—하였다. 19세 되던 해 관음재일, 불전에 18대원을 세웠다. 즉 번뇌와 업장을 자신이 떠맡고 짊어지는 발원으로서 일체 중생의 질병과 고난을 구제하고, 그 서원을 반드시 실천하리라는 발원이었다.

1940년대 초중반 무렵, 도륜은 동북지역이 일본에게 침략당해 수행하기 힘들어지자, 남화사에 머물던 허운을 찾아갔다. 허운은 첫눈에 도륜이 인재임을 알아보고 매우 기뻐하였다. 도륜은 허운에게 게를 지어 바쳤다.

허운 화상이 나를 보고 이와 같다고 하시니
나는 스님을 뵙고 이와 같음을 증하였네.
스님과 내가 모두 이와 같으며
중생도 모두 이와 같기를 널리 원하네.

虛公見我云如是　我見云公證如是
云公與我皆如是　普願眾生亦如是

허운은 도륜에게 학인들을 가르치는 강사 일을 맡기고, 삼단대계三壇大戒[48]의 증명아사리로 삼았다. 도륜의 능력이 매우 출중하여 허운은 멀리 출타할 경우나 어려운 일이 있을 때, 도륜에게 일을 맡겼다.

1949년 중국이 사회주의화되자, 도륜은 홍콩으로 건너갔다. 도륜은 허

---

48) 앞의 글 '이계위사' 장의 삼단계법三壇戒法에 관한 내용과 주를 참고할 것.

운 스님을 홍콩에 모시려고 하였으나 허운은 끝내 홍콩에 머물지 않고 본토로 돌아가며 '해외에서 불법을 잘 포교하라'고 부탁하였다.

1962년 도륜은 미국으로 건너가 불교학당을 건립하였다. 1968년 시애틀 워싱턴대학 학생들의 요청에 응하여 『능엄경』 하계연수반을 만들었으며, 96일간의 연수 후 스님께 귀의해 수계를 받고, 이들 가운데 5명의 미국인이 출가하였다.

1976년 도륜은 캘리포니아에 만불성성萬佛聖城을 건립하였다. '만불성성'이란 이곳에서 만 명의 생불生佛을 기른다는 뜻이다. 그 후 도륜은 미국 각지에 27개의 도량을 창건하였다.

또한 도륜은 공양 중 법공양이 제일이라는 사상으로 역경사업에도 매진해 1973년 '국제역경원'을 설립해 100여 종의 영역본을 출판하였다.

도륜은 평생 홍법에 노력하다 1995년 78세로 미국 로스앤젤레스에서 입적하였다. 다비 후 4000여 과의 사리가 나왔다. '나는 허공에서 와서 허공으로 돌아간다'는 도륜의 유언에 따라 제자들은 사리탑이나 기념관을 만들지 않았고, 사리를 포함해 유해를 허공에 뿌렸다.

도륜은 제자들에게 "덕행이 있어야 비로소 이 법을 만날 수 있으며 덕행이 없는 사람은 비록 만나더라도 이해하지 못한다"고 하며, 공덕 쌓기를 강조하셨다. 또한 도륜은 허운의 수행가풍에 따라 계율을 엄격히 지키고, 제자들에게 6대 종지宗旨를 수행의 지표로 삼고 정진하라고 말씀하셨다.

"다투지 않고(不爭), 탐하지 않으며(不貪), 구하지 않고(不求), 사사롭지 않으며(不自私), 이기적이지 않고(不自利), 거짓말하지 않는다(打妄語)."

본환本煥(1907~)

본환은 1907년 호북성 신주현新洲縣 출생으로 23세 때 보은사報恩寺 전성傳聖 화상을 의지해 출가하였다. 출가한 지 얼마 안 되어 양주 고민사의 래과來果 선사 의발을 전수 받고, 젊은 나이에 고민사의 유나維那[49] 소임을 맡았다.

본환은 1934년 13회의 선칠禪七을 수행하였다. 또한 90여 일간 잠을 자지 않고 용맹정진했는데, 이때 잠을 이겨내기 위해 줄로 머리카락을 들보에 매단 채 수행하였다.

1937년 본환은 오대산 초입부터 시작해 300km를 65일간 3보1배 배행拜行하여 회향하고, 이어서 3보1배로 오대산 다섯 봉우리를 모두 참배하였다.

1938년 『능엄경』, 『지장경』, 「보현행원품」 등 20여 만 자를 혈서血書로 사경하였다. 이때 사경한 것은 현존하지 않고 오직 「보현행원품」만 남아 있다. 이렇게 피로 경전을 사경한 것을 중국에서는 '한 사람의 출가'라고도 표현한다. 한 승려가 「보현행원품」 사경을 항아리에 넣어 땅에 파묻었다가 문화대혁명 후에 꺼내어 본환에게 돌려주었다.

1939년 벽산사碧山寺에 상주하던 광혜廣慧 화상에게서 본환은 임제종의 한 파인 법맥을 계승하였다.

1942년 10월~1945년 7월 본환은 오대산 서현사棲賢寺에서 3년 동안 패관閉關하고 경전을 열람했다. 본환은 경전뿐만 아니라 동시에 율학을 깊이

---

49) 사찰 안의 사무적인 일을 총괄하여 맡아보는 직책.

연구하고, 계율을 엄격하게 지켜 율사의 사표가 되었다. 이렇게 승려로서의 수행을 완성시켜 가면서도 사회고통을 저버리지 않았는데, 당시 항일전쟁으로 사망한 1000여 명의 망자를 위해 천도재를 몇 차례 봉행하였다.

1948년 모친이 세상을 떠나자, 본환은 모친을 위해 소지공양하였다. 이 무렵은 허운이 남화사와 대각사를 오가며 불사하던 때였는데, 본환은 허운의 부탁으로 남화사 주지를 역임하였다. 이곳에서 본환은 허운의 법을

본환이 불사한 별전선사

받아 임제종 44세이다.

이후 1954년 허운이 운거산 진여사에 머물 때, 본환은 공산당의 눈을 피해 험난한 길을 걸어 스승을 찾아가기도 하였다.

본환은 출가 후 당시 중국 선종의 양대 선지식(래과·허운)을 차례로 친견하고 가르침을 받은 것이다. 본환은 훗날 이 점을 회고하며 이렇게 말했다.

"내가 재주가 없는데도 10여 년의 시간을 헛되이 보내지 않고, 열심히 수행한 것은 모두 두 분 스승의 지도 때문이었다."

본환은 1958년부터 1980년까지, 22년간 옥살이를 하였다. 출옥 후 1980년 73세의 본환은 광동성 단하산 별전선사(別傳禪寺)[50]의 복원을 책임지고 불사를 하기 시작해 광효사·심천의 홍법사·신주 보은사·황매 사조사·연개정사·대웅사 등 수여 곳의 선종 사찰 불사를 담당하였다. 2006년 100세의 본환을 축하하는 동시에 별전사 낙성식 때, 별전사 도량에서 전계(傳戒)법회가 있었다.

한 기자가 인터뷰를 하며 본환에게 물었다.

"20여 년을 옥중에서 어떻게 보냈습니까?"

"출가자에게 처처가 도량 아님이 없습니다. 감옥은 나의 수행처였습니다. 감옥은 수행하기에 매우 좋은 곳이었습니다."

또 물었다.

---

50) 별전사는 1662년 청나라 때 담귀(澹歸) 선사에 의해 창건되었다. 청나라 때는 선종의 대총림이었으며 많은 승려들이 수행했던 도량이다. 폐허로 되어 있다가 1976년부터 승려들이 상주하기 시작했다. 필자가 2007년 순례했을 당시 70여 명의 승려들이 상주하고 있었다.

"인생에서 귀한 시간을 감옥에서 보냈는데, 원망하는 마음은 없었습니까?"

"나는 감옥에 있는 동안 다른 사람을 원망해본 적이 없습니다. 다만 나 자신을 참회하였습니다. 다른 사람을 원망하는 것은 잘못된 것입니다. 모든 것이 다 나의 업으로 인해 받은 것이므로 당연한 것으로 여겼습니다. 다른 한편으로 볼 때, 폭동으로 내가 갇혀 있었다는 것은 날 보호한 것이었습니다. 만약 내가 그때, 옥중에 있지 않고 비판 받는 환경이었다면 나는 더욱 힘들었을 것이며, 죽음을 당했을지도 모릅니다. 내가 옥중에 있었기 때문에 나를 비판하는 사람이 없었고 아무도 나에게 상처를 주지 않았으니, 나는 감옥으로부터 보호를 받을 수 있었던 것입니다. 또한 그렇게 보호 받았기 때문에 지금 20여 년 동안 불법을 펼 수 있는 것 아니겠습니까? 나에게 좋지 않았던 일이 오히려 훗날 좋은 쪽으로 전환된 것이지요."

본환은 제자들과 불자들에게 늘 행行을 강조하셨다.

"부처님께서 설한 모든 가르침은 '행行'자 하나로 모아질 수 있습니다. 범부로부터 성인에 이르는 것도 행이요, 성인으로부터 부처가 되는 것도 행입니다. 행이 없다면, 어떤 것도 이룰 수 없습니다. 그러면 무엇을 실천해야 합니까? 그것은 중생에게 이익을 주고, 교화시켜 국토를 장엄하는 데 있는 것입니다."

정일이 불사한 법문사. 탑은 부처님 진신사리탑이다. (위)
법문사에 모셔진 부처님 진신사리 (아래)

정일淨一(1922~2002)

정일은 1922년 강소성 숙천宿遷에서 출생하였으며, 19세에 출가하였다. 1945년 남경 보화산寶華山에서 구족계를 받고, 강소성 진강 금산사, 양주 고민사 등지에서 참선하였다. 26세의 정일은 1948년 광동성 유원 대각사에 머물며 3년간 허운을 모셨다. 이때 허운에게 가르침을 받아 혜안이 열렸고, 이후 정일은 선禪과 화엄을 최고의 가르침으로 여기고, 평생 이를 근거로 수행하였다.

1951년 섬서성 서안 정업사와 요현耀縣 대향산사大香山寺에 머물다, 1957년부터 1983년까지 섬서성 부풍현扶風縣 남궁촌南宮村 현산사賢山寺에 머물렀다.

1981년 섬서성 서안 법문사法門寺 석가모니 진신사리탑이 낙뢰를 맞아 무너졌고, 5년 후에 또 사리탑이 무너졌다. 이를 계기로 1987년 섬서성 정부에서 탑 기반을 정리하는 과정 중, 탑의 지하궁이 발견되었는데, 부처님의 사리와 당나라 때의 수많은 문물이 출토되었다.

1984년 인민정부에서 정일에게 법문사에 머물도록 하여 1987년에 법문사 복원불사를 총 관리하며, 도량을 정비하도록 하였다.

허운에게 법을 받은 단하산 별전사의 본환本煥(임제종 44세)으로부터 1986년 임제종 법맥을 이어받아 정일은 임제종 45세이다.

정일은 1994년 법문사 방장에 추대되었다. 1994년 부처님 진신사리를 태국과 한국에 모시기도 하였다(한국은 2005년). 필자는 2006년에 방문했는데, 법문사는 승려가 250여 명 상주하는 총림으로 변모되어 있었다.

정일은 2002년 81세를 일기로 법문사에서 열반하셨다. 스님의 법구를 다비하자, 치아사리 등 수십여 과의 사리가 나왔고, 다비현장에는 수천여 명의 사부대중이 운집하였다.

불원佛源(1923~2009)

불원은 호남성 익양益陽 출신으로, 18세에 익양 회룡산會龍山 서하사栖霞寺 지휘 스님에게 출가하였다. 법명은 심정心淨, 호가 진공眞空이다. 다음해 19세에 불원은 남악형산 축성사祝聖寺에서 경전을 배우기 시작했다. 1946년 23세에 남악형산 복엄사 진청鎭淸 율사에게 구족계를 받고, 태허·지봉芝峰 등과 함께 익양益陽 불교회에 선발되어 경전을 공부한 뒤, 진강鎭江의 초산焦山

불원이 1951년 운문산 대각사에서
허운 선사와 함께 찍은 사진

불원 화상이 불사한 광동성 운문산 대각사
대각사는 당나라 운문의 도량이며, 허운이 10여 년간 상주하였다.
불원은 이곳에서 허운에게 법을 받았다.

불학원, 영파의 관종학사觀宗學社에서 경전을 공부하였다.

익양 백록사 주지스님이 갑자기 열반하여 백록사 주지 소임을 살았다. 백록사는 100여 명의 승려들이 상주하는 대사찰로서 그들을 옹호하며 『미타경』 등을 강의해 승려들의 교육을 위해 헌신하였다. 이후 제방의 선지식을 찾아 행각하며 참선하였다. 20대와 30대 초반, 불원은 용맹정진하며 잠을 자지 않고 수행하여 주위 승려들로부터 존경을 받았다.

1951년 5월, 29세의 불원은 더 이상 수행할 수 없다는 위기감을 느끼고, 도반 각민覺民과 함께 남행하여 광동성 대각사에 머물던 허운 화상을 찾아갔다. 불원은 찾아가기 직전, 1951년 2월 허운이 운문사변으로 공산당원들에게 구타당했다는 소문을 듣고 찾아간 터였다. 불원은 운문에 도착하던 날, 병사들에게 감금되는 수모를 당했다.

이후 허운은 마오쩌둥의 지시로 감시가 조금 해소되었다. 그해 6월에 불원은 허운에게서 운문종 법맥을 이어받고, 운문 13세로서 '불원佛源'이라는 호와 '묘심妙心'이라는 법명을 받았다. 이후 불원은 대각사 대웅전에서 부모와 스승의 은혜에 보답하기 위해 소지공양하였다.

허운이 대각사를 떠나 베이징으로 옮겨 갈 때, 불원은 시자로서 스승을 직접 모셨고, 스승에게 탕약을 달여 주었으며, 허운을 대신하여 불교협회를 준비하기도 하고, 허운의 법어나 행적을 기록하였다.

불원은 1980년대 운문산 대각사 방장으로 머물며 대각사를 복원 불사하고, 도량을 정비하였다. 이곳에서 허운의 사상을 펼치며 수많은 수행자를 교육시키다, 2009년 87세를 일기로 입적하였다. 불원은 1984년부터 광동성불교협회 부회장, 중국불교협회 상무이사 등 중국불교 재건을 위해 헌신하셨다.

정혜淨慧(1932~)

정혜는 1932년에 출생하여 3세에 동진출가하였다. 1951년 20세에 허운에게서 비구계를 받고, 운문종 13세 종통을 계승했으며 임제종 법맥도 함께 받았다.

문화대혁명 기간에는 베이징·광동성·호북성 등지에서 노동하다가 1970년대 후반 종교자유가 주어지면서 본격적인 불교운동을 일으켰다. 정혜는 수행과 생활이 일치하는 생활선을 주장하였다.

"수행이란 단지 선에만 국한되는 것이 아니라 염불·간경·교학·참선 등을 총괄한 것이 불교 수행의 전부다. 부처님의 모든 가르침은 선정을 떠날 수 없으므로, 선을 강조하는 것이다. 생활선이 요구하는 바는 단지 선을 움직이는 가운데 실행하는 것만이 아니라 생활의 모든 면에 있어서 실행하는 것이다."

정혜는 생활선을 닦는 방법으로 네 가지 사항을 중시하고 있다. 즉 첫째는 신앙을 생활에 실행하고, 둘째는 수행을 지금 현재 이 자리에서 실행하며, 셋째는 불법을 세간에 융화시키고, 넷째는 개인을 대중에게 융화시키는 것이라고 하면서 각오인생覺悟人生·봉헌인생奉獻人生을 강조하였다.

그는 2000년도 중반까지만 해도 하북성 석가장石家庄 조주 도량 백림사栢

정혜 화상이 불사한 백림선사. 이 도량은 하북성에 위치하며 당나라 때 조주 선사가 머물렀던 도량이다.(위)
정혜 화상이 불사한 호북성 사조사. 4조도신이 머물렀던 도량이다.(아래)

林寺에 주석하면서 백림사와 임제사를 복원 불사하였다. 백림사는 현재 수백여 명이 상주하는 대총림이다. 정혜는 승려 교육을 위해 백림사에 3년 과정의 하북성 불학원과 선학연구소를 설립하여 100여 명의 승려에게 경전 및 전반적인 사상(종교정책·고대한어·중국사·세계사·철학·영어·서도 등 외전)을 교육시키고 있다. 또한 참선하는 승려를 위해 귀운암歸雲庵에 무문관을 만들어 수좌들이 공부하도록 물심양면으로 도움을 주었다.

이후 호북성 황매현黃梅縣 4조도신의 도량인 사조사四祖寺로 옮겨 가 주석하면서 사조사 도량을 정비하고 불사하였다. 또한 국제 세미나를 개최하기도 하고, 한국에도 초청받아 몇 차례 방문하였다. 몇 년간 중국불교협회 부회장으로 중국불교계를 실질적으로 이끌었으며, 현 중국 선종 부흥을 위해 노력하고 있다.

일성—誠(1926~　)

앞에서 언급한 정혜 스님과 일성은 허운의 제자로서 매우 각별히 아끼는 도반이자 사형사제지간이다. 현재 두 분의 발원으로 인해 중국의 선종이 거듭 발전하고 있다고 해도 과언이 아니다.

일성은 1926년 호남성 망성현望城縣 출생이다. 1949년 23세에 임제종파 세심사洗心寺에서 명심明心을 은사로 출가하였다. 법명은 연심衍心, 자字가 오원悟圓이다.

출가 이래 경전을 공부하다, 1956년 운거산 진여사에 주석하고 있던 허운을 찾아가 허운에게 구족계를 받았다. 1959년 허운의 제자인 성복性福

일성이 방장으로 있는 베이징 법원사의 와불이다. 이 와불은 법당에 안치되어 있으며 중국 3대 와불 가운데 한 분으로 중국의 문화재급 불상이다. (왼쪽)
일성이 방장으로 있는 베이징 법원사의 예불 장면이다. 허운이 이곳에 머물기도 하였다. (오른쪽)

으로부터 위앙종 법맥을 받았으며, 허운으로부터 직접 임제종 법맥을 받았다. 즉 일성은 위앙종 10세이자, 임제종 45세로 양대 법맥을 잇는 선사이다.

문화대혁명 당시 소식素食으로 견디며, 불철주야 독경과 참선으로 용맹정진하였다. 스승 허운이 위앙종의 선풍을 일으킨 운거산 진여사를 중창 불사하고, 이곳을 위앙종의 종찰로 복원하였다.

한편 일성은 '마조馬祖의 현신現身'으로 불릴 정도이다. 즉 마조의 선사상을 고취하는 국제세미나를 개최하고, 마조와 관련된 사찰을 복원 불사하고 있다. 제일 먼저 불사한 곳이 마조의 대표적 행화도량인 강서성 남창 우민사佑民寺(마조가 머물 당시에는 개원사開元寺)이다. 이어서 이후 마조의 사리탑이 모셔져 있는 보봉사寶峯寺를 복원 불사하고, 대총림으로 도량을 정비하여 현재 수백여 명의 승려들이 상주한다.

또한 일성이 출가했던 강서성 세심사를 불사하고, 황벽이 머물던 강서성 의풍宜豊 황벽사를 복원 불사하였다.[51] 현재 일성은 운거산 진여사에 주석하며, 보봉사·황벽사·베이징 법원사法源寺 방장을 겸하고 있다.

1993년 중국불교협회 부회장, 1994년 강서성 불교협회 회장에 추대되었다. 또한 중화민국불교협회 부회장, 2002~2007년 중화민국불교협회 회장으로 선출되었으며, 현재 중국 불교의 대표적인 선승으로 대들보 역할

---

51) 황벽사는 임제의 스승인 황벽희운(?~856)이 개산한 절로서 역대 수많은 선승들이 수행했던 도량이다. 황벽사 도량 주위에는 황벽희운 사리탑 등 수십여 기의 사리탑과 부도가 있다. 필자는 2006년 가을, 황벽사 불사가 진행되는 모습을 보았는데, 근래 황벽사는 불사를 마치고 도량이 정비되었다고 한다.

을 하고 있다.

일성은 현 중국 불교의 네 가지를 중시하며 중국 불교를 일구고 있다.

첫째, 시대가 바뀌었으므로 불교는 독립적인 품격을 유지하면서 불교협회를 관리하고, 통일적인 규범을 만들며, 투명한 단체가 되어야 한다.

둘째, 승려의 인재 양성이다. 인재 양성은 불교의 미래를 결정하는 것으로 승려교육의 소중함을 강조하고 있다. 전통적인 불교 교육 방식을 따르면서 농선병행을 중요시하지만, 현대에 맞는 교육 체제로 방향을 전환해야 한다는 주장이다. 실제 중국에서는 승려들에게 내전뿐만 아니라 외전도 함께 공부시키고 있다.

셋째, 중국의 불교문화는 중국 전통문화의 중요한 일부분으로 사찰의 건축·조각·그림·도량의 구조 등을 강조하였다. 한편 불교철학·문학·자연과학·사회과학 등도 중시하였다. 불교문화는 인류 문화의 소중한 재산으로서 불교 사원을 중수할 때, 불교문화의 멋을 잃지 말아야 할 것을 강조하였다.

넷째, 불교문화 사업 건설 및 발굴, 불교문화 유산 정리 등을 통해 불교문화재를 보호해 해외 불교문화와의 교류를 꾸준히 주장하였다.

일성은 한 인터뷰에서 이런 말을 하였다.

"중국 불교가 세계 불교계에서 중요한 역할을 할 수 있기를 희망한다."

관정寬淨(1924~)

관정은 복건성 포전현蒲田懸 성관진城關鎭 출신이다. 허운 화상이 불교를 부흥시키라는 의미로 법명을 복흥復興이라고 지어 주었다. 관정은 태어난 날 저녁 무렵, 동쪽과 서쪽 하늘에서 금색광명이 번쩍거리고, 대지는 황금과도 같이 찬란하였으므로 아이 때 이름이 반금영潘金榮이다.

7세 때 복건성 교충사敎忠寺에서 동자승으로 출가해 15세 때 복건성 남평개사南平開寺에서 허운을 스승으로 정식으로 출가했으며, 17세에 광동성 남화사에서 허운에게 구족계를 받았다. 1950년대 후반, 운거산 진여사에서 허운으로부터 조동종 48세 법맥을 받았다.

관정은 비록 세속 학문은 익히지 않았지만 홀로 독서를 하고, 경전을 두루 통달하였으며, 참선 정진으로 깊은 삼매에 들었다. 관정은 어느 법문에서나 정토수행을 강조하면서 이렇게 언급하였다.[52]

"극락세계는 불국토 중에서 가장 높은 곳에 위치하며 삼계를 초월해 있고, 영원불멸한 실존이며, 우리들이 올바른 수행으로 본래자성을 찾았을 때 우리 스스로 보고 느끼고 누리는 상주불변한 법락法樂의 경계이다. 남녀노소·빈부귀천·출·재가를 막론하고 정토선을 하면, 이 극락세계는 누구나 갈 수 있다."

---

[52] 관정은 1967년 음력 10월 25일 복건성 덕화현德化縣 미륵동굴에서 좌선해 홀연히 관음보살의 이끌림으로 그 자취가 사라져 (육신은 삼계 밖의 나한동에 벗어 놓고) 서방정토 9품九品 연화의 각 경계를 참관하였다. 그 기간이 하루가 지난 것처럼 느껴졌는데, 인간 세상에 돌아와 보니 1974년 4월 8일로 6년 5개월이 지난 후였다. 아미타불과 관음보살의 부촉을 받들어 극락세계가 실재함을 알리고 극락세계로 가는 구체적 수행법인 정토선을 전하기 위해 관정은 다시 모습을 나타내 보였다고 한다. 이 내용을 담고 있는 책이 『극락세계유람기』라는 책으로 1996년에 한국에 번역 출판되어 불교계에 큰 반향을 일으켰다.

관정은 갱저평사·수연사·선불사·개평사·삼회사 등 여러 곳에서 주지를 역임하였다. 1980년 복건성 선유현仙遊縣 삼회사三會寺 주지로 있을 때, 12월 23일 선정에 들어 29일 만에 삼매에서 깨어났다. 관정이 선정에 든 6일 동안 선유현 전체에 진동이 일어나 당시 귀의한 제자가 많았다고 한다.

1982년 이후 관정은 해외 여러 곳에서 행각하며 정토선淨土禪 법문을 통해 많은 이들을 제도하였다. 미국 불교회에서 명예이사장으로 초빙되어 그곳에 머물기도 하였고, 낙방사諾邦寺·로스앤젤레스 관음보살사 등 여러 곳에서 법을 펼쳤다. 또한 캐나다·뉴질랜드·싱가포르·말레이시아·한국·유럽 등 세계 각국을 혼자 행각하며 널리 불법을 선양하였다. 한국도 4~5차례 방문하였다. 다음은 정토선에 대한 관정의 법문이다.

"염불하는 동시에 '염불하는 자가 누구인가' 하고 참오하여 체내의 염불자를 똑똑히 볼 수 있게 한다. 염불하는 한편 참오하면 안에서 의정疑情이 발생하고 시간이 오래되면 무생법인無生法忍을 증득할 수 있다. 염불·간경·참선·진언, 그 어떤 수행을 하든 간에 극락세계 가는 것은 정한 이치이다. 무엇이든 제대로만 하면 극락세계에 갈 수 있는데, 그보다 정토선은 가장 빨리 갈 수 있다. 마치 비행기를 타는 것처럼 가장 빠른 지름길이다.

정토선은 내가 극락세계 갔을 때 관세음보살님께서 일러주신 수행법이다. 선종과 정토종이 합쳐진 것으로 말법시대 중생의 근기에 맞는 수행법이라고 할 수 있다. 두 사람이 함께 염불을 하는데 A가 아미타불을 염하면, B가 묵묵히 듣는다. 또한 B가 아미타불을 염하면, A가 듣는 방법으로 서로가 서로에게 힘이 되어 주며 함께 염불한다. 그러면 이근耳根이 소리를 관觀하면서 아미타불 염불이 쉽다. 지금 하고 있는 입의 염불이 이근에 작용하게 되어 있고, 마음속의 염불이 일치하면 자연스럽게 자성(불성)이 나타나며, 마음이 청정하면 평온해지면서 지혜가 생긴다.

실은 육근六根 가운데 이근이 제일 예민하다. 염불할 때는 천천히 소리를 내며 투명하고 맑게 해야 한다. 염불이 익숙해지면 귀가 스스로 염불하게 되거나 자기의 몸 안에서 저절로 염불하게 된다. 이때 신체의 어느 부분에서 저절로 염불하는지를 귀담아 들으며 소리를 내지 않는다. 그 다음 행주좌와, 신체의 움직임 하나하나에 귀를 기울여 그 한마디 한마디 성호를 명심해 들어야 한다. 이것을 자성염불自性念佛이라고 한다. 자신의 신체 내부에서 자동적으로 끊임없이 아미타불을 염하게 되며, 점점 숙달되고, 자연스럽게 삼매에 들게 된다."

허운

제3장

부록

**허운 선사
약전**

- 1840년　　　7월 29일 복건성 천주泉州에서 출생.
- 1840년　　　어머니의 죽음.
- 1856년 17세　사촌동생과 함께 호남성 남악형산 상봉사上封寺로 몰래 출가.
- 1856년 17세　전 씨·담 씨와 혼례.
- 1858년 19세　복건성 고산鼓山 용천사湧泉寺 출가.
- 1859년 20세　용천사 묘련 화상으로부터 수계. '고암古巖'이라고 함.
- 1859~1862년　3년간 깊은 산속에서 홀로 고행함.
- 1862년 23세　용천사에서 소임을 보라는 스승의 청으로 용천사에서 소임을 봄.
- 1864년 25세　아버지의 부고 소식을 들음.
- 1866년 27세　다시 산속으로 들어가 몇 년간 고행.
- 1872년 33세~37세
　　　　　　절강성 온주溫州 산속에서 한 승려로부터 충고를 듣고 천태산 융경 화상 참례,
　　　　　　이때부터 덕청德淸이라고 함. 2년간 천태산에서 『법화경』을 공부.
　　　　　　고명사高明寺 민희敏曦 법사에게서 『법화경』과 『법화경론주』를 공부,
　　　　　　절강성 천동사天童寺에서 "능엄종통楞嚴宗通"을 공부함.
- 1877년 38세　영파寧波 → 항주 → 삼천축 → 반산半山에서 천랑天郎 화상을 참례.
- 1878년 39세　강소성 상주常州 천녕사天寧寺에서 청광淸光 화상을 참례. 천녕사에 머묾.
- 1879년 40세　강소성 초산焦山 강심사에서 대수大水 화상을 참례.
　　　　　　팽옥린이 이곳에 주둔해 허운과 여러 번 불법에 대해 담론하기를 요청.
- 1880년 41세　진강鎭江 금산사金山寺에서 관심觀心·신림新林·대정大定 화상 등과 함께
　　　　　　참선하며 겨울을 보냄.
- 1881년 42세　양주 고민사 낭휘朗輝 화상에게서 『오분율』, 『십송율』 등 계율을 공부.
- 1882~1884년　43세~45세
　　　　　　보타산을 출발해 오대산까지 3년간 3보1배, 총 4000㎞
- 1884년 45세~49세
　　　　　　몇 년간 서북부 지역 순례.
　　　　　　오대산 화엄령으로부터 섬서성, 감숙성, 서안, 종남산 남오대에서 수행,
　　　　　　청화산, 태백산을 지나 사천성, 아미산에 머묾.
- 1888년 49세~51세
　　　　　　사천성 아미산에서 티베트·부탄을 거쳐 히말라야 산맥을 넘어
　　　　　　인도·스리랑카·미얀마 성지를 순례.
- 1891년 52세　외국에서 귀국한 뒤 계족산·황산·구화산 등을 순례하며 여러 곳에서 수행.
　　　　　　구화산 상선사上禪寺에서 당시 청정 율사인 보오寶悟 화상을 친견.

- 1892년 53세   지장도량 구화산 취미봉에서 몇 년간 수행.
- 1895년 56세   강소성 고민사高旻寺에서 정각을 이룸.
- 1897년 58세   강소성 초산焦山 지통智通 화상의 청으로『능엄경』강의.
- 1897년 58세   절강성 영파 아육왕사에서 어머니를 위해 소지공양을 하고 백만배를 함.
- 1898년 59세   아육왕사에서『법화경』강의.
- 1898년 59세~61세
  오대산 및 5악五嶽의 여러 산을 행각.
- 1990년 61세   북경 용천사
  의화단 사건을 계기로 태후와 황제를 모시고 서안으로 피신하는 데 함께 동행.
- 1901년 62세   서안 와룡사에서 8월에 법력으로 눈을 축수하여 당시 가뭄을 해소할 수 있었고, 열병이나 전염병을 막을 수 있었음. 며칠간의 대설로 인해 허운의 명성은 커졌고, 과장되기까지 하였음. 이에 덕청德淸에서 허운虛雲으로 개명하고, 서안 종남산 가오대嘉五台 사자암에서 토굴수행.
- 1902~1904년 63세~65세   벽계산 복흥사福興寺[잠관자 거사의 개인 사찰]에서 무문관 수행.
  65세   운남성 곤명 귀화사 · 공죽사에서 경전 강의, 대리 숭성사에서『법화경』강설.
- 1905년 66세   계족산 축성사를 창건하고, 머묾.
  계족산 내의 나전사羅筌寺 · 서축사西竺寺 · 홍운사興雲寺 재건 불사.
- 1905년 66세   46년 만에 말레이시아 극락사에서 스승 묘련 화상을 만남.
- 1907년 68세   태국에서『지장경』과「보문품」을 강독하는 중 9일간 삼매에 듦.
- 1910년 71세   계족산에서 전계 및 법문.
- 1920~1928년   81세~89세
  운남성 서산 화정사에 머물며 산내 암자인 태화사太華寺 · 송은사松隱寺 등 중창 불사, 화정사 암자인 초제사招提寺와 승인사勝因寺를 창건함.
- 1928년 89세   복건성 고산 용천사 도량을 정비.
- 1935년 96세~103세   육조 혜능 사찰인 광동성 남화사 · 대감사 불사.
- 1943년 104세   운문종 근본도량인 광동성 대각사를 복원 불사.
- 1951년 2월 24일 112세   운문사변[허운이 대각사에서 공산당에게 구타당한 사건].
- 1953년 114세   베이징에서 중국불교협회 창립
  상해 옥불사에서 수륙도량 법회
  항주 정자사, 소주 등지에서 법회
  겨울 다시 베이징 광제사에서 지냄.
- 1954년 115세   강서성 영수현永水縣 진여사眞如寺에 주석하며 도량 정비.
- 1959년   10월 13일 120세로 진여사에서 입적.

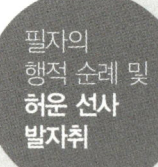
필자의 행적 순례 및 **허운 선사 발자취**

신장 위구르 자치구

칭하이성

시장 자치구 - 티베트

쓰촨성

윈난성

- 상그릴라(중전) 송찬림사 · 대보사 · 벽탑해
- 여강 옥봉사 · 문봉사 · 보제사
- 계족산 축성사 · 금정사 · 가섭전사
- 대리 숭성사 · 창산 감통사 · 관음당
- 곤명 원통사 · 화정사 · 공죽사 · 태화사 · 숭인사

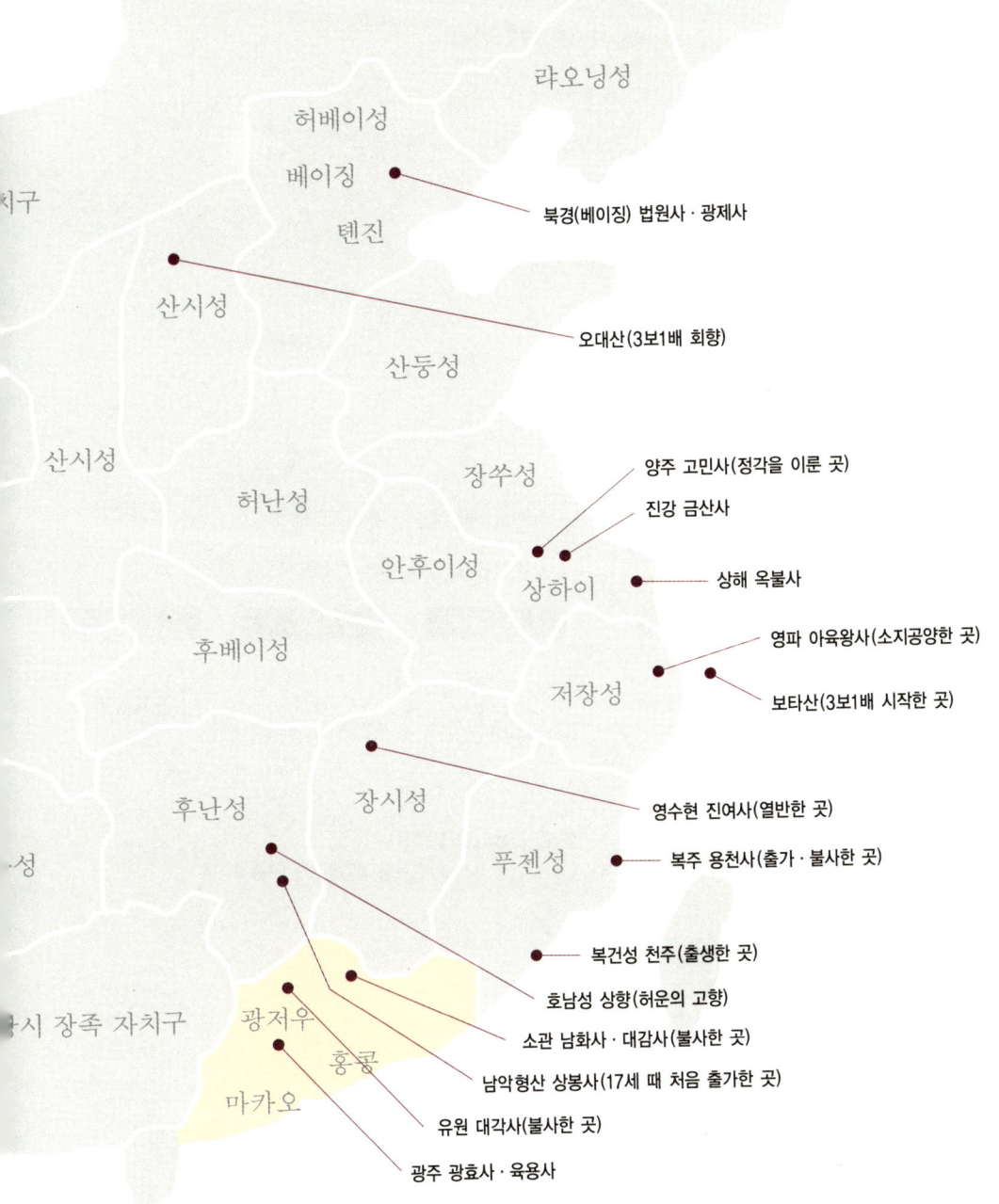

색인

ㄱ

가섭전사迦葉殿寺 71~73, 75, 76

감산덕청憨山德淸 135, 154

감통사感通寺 80, 86~87

강서성江西省 18~19, 23, 162, 195, 197, 240, 279, 287

강소성江蘇省 23, 30~31, 41, 43~44, 138, 147, 184, 186, 189, 196~197, 208, 273, 286~287

경안敬安 182~184, 186, 190

계당戒堂 208~210, 220, 226

계족산鷄足山 19, 22~23, 27, 49, 56~62, 65, 67~69, 71, 73, 75~78, 81~83, 87, 90, 94, 144, 167, 171~172, 207, 223, 260, 286~287

계진戒塵 48, 57, 170~172

고민사高旻寺 23, 41, 43~46, 147, 186, 188, 190, 268, 273, 286~287

고산鼓山 22~23, 142, 151~152, 167, 175, 177, 184, 199, 210, 224, 286~287

고암古巖 22, 142~143, 286

곤명昆明 22~24, 27~28, 36, 38, 40~41, 49~50, 56, 58, 61, 78, 94, 113, 122, 132, 152, 167, 171, 208, 214, 222~224, 287

공죽사筇竹寺 36~41, 49, 171, 287

관본觀本 153, 170, 175~176, 227

관정寬淨 23, 264, 281~282

광동성廣東省 17, 21, 23, 91, 111, 114, 128~129, 153~161, 164, 167, 175, 178, 216, 220~221, 225, 227, 270, 273~276, 281, 287

광제사 162, 287

광효사光孝寺 160, 270

구양경무歐陽竟無 28, 137~138

구행具行 170, 172~174

금산사金山寺 94~95, 147, 186, 189, 273, 286

ㄴ

남산율종南山律宗 134, 201

남악형산 139~141, 274, 286

남화사南華寺 17, 21, 23, 114, 151, 154, 156~158, 167, 176, 178, 192, 216, 220~221, 225~226, 265~266, 269, 281, 287

낭휘朗輝 147, 286

능엄경楞嚴經 41, 147, 191, 198, 200, 210, 214~215, 230, 267~268, 287

ㄷ

담허 倓虛 193, 198~201

당계요 27, 49

대각사 大覺寺 5, 17, 21, 23, 91, 111, 114, 151, 157~159, 161, 167, 176, 216, 221, 227, 265, 269, 273~275, 287

대감사 大鑑寺 23, 151, 154, 157~158, 287

대리 大理 19, 57~59, 65, 78~83, 85, 87~88, 94, 223, 287

도륜 度輪 23, 178, 199, 214, 221, 263~267

ㄹ

래과 來果 7, 182, 186~190, 268, 270

ㅁ

마오쩌둥 95, 132, 162, 180, 218, 275

마조 馬祖 9, 39~40, 141, 279

묘련 妙蓮 22~23, 145, 190, 286~287

무정물 9, 222, 229

문화대혁명 52, 58, 67~68, 75, 83, 120, 216, 264, 268, 276, 279

민희 敏曦 147, 198, 286

ㅂ

법안종 23, 135, 151, 264

법원사 法源寺 183, 278~279

법화경 58, 82, 85, 147, 186, 198, 200, 214, 286~287

베이징 67, 71, 89, 129, 132, 136, 162, 183, 191, 208, 275~276, 278~279, 287

보타산 22, 29~31, 34, 68, 127, 143, 147, 185, 186, 193, 194, 209, 286

복건성 福建省 22~23, 29, 80, 139~140, 142, 151~152, 167, 175, 177, 185, 190~191, 207~208, 210, 220, 224, 281~282, 286~287

복흥사 福興寺 41, 58, 222~223, 287

본환 本煥 23, 263~264, 268~271, 273

불원 佛源 23, 69, 264, 274~275

ㅅ

삼매 三昧 85, 89~91, 231, 265, 281~283, 287

상해 上海 7, 185~187, 191, 198, 201~202, 209, 219, 229, 247~248, 287

생사심 生死心 250, 255

샹그릴라 [香喀里拉] 78, 109~112, 115, 120, 122

서산 西山 19, 27, 41, 49~50, 52, 55, 58, 287

선정일치 禪淨一致 136, 242

소옥당 22, 139~140, 142~143, 145

송찬림사 松贊林寺 114~115, 118~121

숭성사 崇聖寺 58, 78~79, 81~85, 120, 287

승인사勝因寺 55, 174, 287

ㅇ

아육왕사 143, 148~149, 182~183, 287

야개冶開 186, 190

양문회楊文會 137~138

여강麗江 93~95, 97~98, 100~102, 107, 109, 115

염불시수念佛是誰 188~189, 205, 230, 239~241, 252

오대산五台山 22, 29~34, 59, 127, 143, 147, 268, 286~287

옥불사 7, 186, 209, 219, 229, 247~248, 287

용천사涌泉寺 21~23, 29, 89~90, 142~143, 145, 151~153, 156, 167, 175, 177~178, 184, 190~192, 199, 201, 207~210, 220, 224, 286~287

운거산雲居山 6, 18~19, 161~164, 170, 214, 270, 278~279, 281

운남성雲南省 8, 10, 15, 17, 19~20, 23~24, 27, 38, 40~41, 48~49, 56~58, 61, 65, 67, 71, 76~79, 82, 88, 94~95, 98, 100, 111~113, 119, 122~123, 149, 152, 167, 171, 207, 208, 213~214, 222~224, 287

운문문언雲門文偃 135, 158

운문사변雲門事變 17, 91, 162, 180, 248, 275, 287

운문종 23, 69, 135, 151, 158~159, 264, 275~276, 287

원영圓瑛 162, 182, 190~192

원통사圓通寺 22, 24, 27~28, 36

위앙종 23, 127, 135, 164, 264~265, 279

육용사六榕寺 159~160

율종 138, 193, 201

융경融鏡 146~147, 286

응자應慈 182, 186~187

이한혼李漢魂 154, 158

이해洱海 75, 87~88

인광印光 193~197, 243, 265

일성一誠 23, 263~264, 278~280

임제종 8, 23, 135, 154, 182, 186, 264, 268, 270, 273, 276, 278~279

ㅈ

잠학려岑學呂 152, 169, 177, 180~181

장원심長遠心 255

정일淨一 264, 272~274

정토종 134~135, 138, 193, 196, 242, 282

정혜淨慧 23, 263~264, 276~278

제한諦閑 193, 198~201, 265

조고화두照顧話頭 237, 239~240

조동종 8, 23, 135, 163, 182, 264, 281

조박초趙朴初 162

진강鎭江 147, 186, 189, 273~274, 286

진여사眞如寺 6, 18~19, 23, 127, 161~ 166, 170, 214, 240, 270, 278~ 279, 281, 287

ㅊ

창산蒼山 75, 81~82, 85, 87~89, 93

천동사天童寺 147, 182~184, 186, 190~191, 286

천태산 22, 146~147, 198, 286

천태종 134, 138, 141, 193, 198~200

청규淸規 156, 162, 167, 207

축성사祝聖寺 8, 17, 19, 21, 23, 49, 57~59, 62~69, 71, 73, 76, 82~83, 90, 94, 144, 167, 171~173, 207, 213, 223, 229, 274, 287

ㅌ

태허太虛 182, 184~185, 191, 265, 274

태화사太華寺 49, 55~56, 287

ㅎ

해회탑海會塔 41~42, 54~55, 166, 172

호남성湖南省 22, 139~144, 182, 274, 278, 286

호북성湖北省 45, 171, 187, 268, 276~277

홍일弘一 193, 201~203

홍콩 11, 17, 129, 164~165, 169, 177~179, 199~200, 221, 265~267

화엄종 134

화정사華停寺 17, 19, 21, 23, 27, 49~55, 68, 94, 113, 152, 167, 173~174, 208, 214, 224, 287

허운

초판 인쇄 2011년 1월 11일
초판 발행 2011년 1월 24일

글·사진 | 정 운
펴 낸 이 | 오세룡
펴 낸 곳 | 클리어마인드_(주)지오비스
등록번호 | 제 300-2005-54호
주   소 | 서울시 종로구 수송동 58 두산위브 736호
전   화 | 02)2198-5151, 팩스 | 02)2198-5153
디 자 인 | 현대북스 051)244-1251

ISBN 978-89-93293-23-4 03220

클리어마인드는 (주)지오비스의 출판브랜드입니다.
이 책은 저작권 법에 따라 보호받는 저작물이므로 무단전재와 복제를 금지하며,
이 책 내용의 전부 또는 일부를 이용하려면
반드시 저작권자 지은이와 (주)지오비스의 서면동의를 받아야 합니다.

정가 18,000원